让学生遇见美好

张 奕 著

黑龙江教育出版社

图书在版编目（CIP）数据

让学生遇见美好 ／ 张奕著. －－ 哈尔滨 :黑龙江教育出版社，2018.3（2021.6重印）

ISBN 978－7－5316－8887－7

Ⅰ．①让… Ⅱ．①张… Ⅲ．①中学语文课－高中－教学参考资料 Ⅳ．① G634.303

中国版本图书馆 CIP 数据核字(2018)第 041401 号

让学生遇见美好

Rang Xue sheng Yu jian Mei hao

张 奕 著

责任编辑	宋怡霏　张　鑫
封面设计	金　宁
责任校对	王　琳
出版发行	黑龙江教育出版社
	（黑龙江省哈尔滨市道里区群力新区第六大道1305号）
印　　刷	北京时尚印佳彩色印刷有限公司
开　　本	787毫米×1092毫米　1/16
印　　张	15.75
字　　数	168千字
版　　次	2021年8月第1版第2次印刷

书　　号　978－7－5316－8887－7　　　　定价：48.00元

黑龙江教育出版社网址：www.hljep.com.cn
如有印装质量问题，影响阅读，请与我公司联系调换。联系电话：0453-6339139
如发现盗版图书，请向我社举报。举报电话：0451-82533087

序　言

　　校完了书稿上最后一个字，缓缓地从桌旁站起来，出书真是一件身心俱疲的工作。可是看看厚厚的书稿，内心却有一种极大的满足感。

　　做语文老师已经27年了，仍然会在面对每一届新生时内心雀跃，仍然会在每节上课前紧张兴奋，仍然会在上完一节好课时得意洋洋，仍然会在上课效果不佳时垂头丧气。有人曾问我，做老师这么多年，大概早就麻木了吧？我却想，怎么会呢？教育是一件多么有创造性的工作，教学是一个多么有挑战性的事情，课堂是一个多么让人痴迷的地方。于是，从教学的第一天起，就不想做一个循规蹈矩的老师，就不想成为一个照本宣科的机器。每次抚摸教材，每次阅读课文，都能有新的感受。同一篇《祝福》，年轻时的我只读出了鲁迅的犀利，现在的我却能感受到鲁迅的怜悯；以前我会更喜欢李白的洒脱倜傥，现在却更倾向于杜甫的大爱情怀。从前的我，是通过读书带着学生去欣赏世界；现在的我，是将人生阅历融入书中和孩子们一起体验生活。

　　所有老师之中，人们对语文老师的要求也许是最高的。需要有丰富的学识，优雅的谈吐，脱俗的气质，还需要与时俱进。我给学生开设电影欣赏课程，我会给学生讲岩井俊二的《情书》，讲两个藤井树的故事，让学生明白初恋是人生最美丽的故事，不要轻易触碰并玷污；会给孩子们介绍罗伯托·贝尼尼的《美丽人生》，让学生了解这部超越常规的黑色喜剧片，看到小人物身上独有的父爱；会和学生们一起欣赏木本雅弘主演的《入殓师》，让学生看到了人与人之间的理解与温情。在讲古诗词鉴赏的"对写法"时，我会用妮可·基德曼的《小岛惊魂》做例子，化抽象为形象，变深奥为浅显。在讲作文时，我会用《我叫金三顺》里的话做材料："去爱吧，就像不曾受过伤一样；跳舞吧，像没有人会欣赏一样；唱歌吧，像没有人会聆听一样；干活吧，像是不需要金钱一样；生活吧，就像今天是末日一样。"启发学生去思考。我深知，学生已经是90后甚至00后，继承传统固然重要，但抱残守缺就是落伍，只有比学生站得远，更接近时尚的前沿，才能走进学生的内心。我会给学生讲李白、苏轼、巴金、茅盾，也会和他们讨论安意如、明晓溪、郭敬明；既能聊起苏打绿的新歌、陈绮贞的音乐，也能介绍宫崎骏的动画、久石让的配乐。我还会将歌词作为作文素材介绍给学生——"在人生中最悲哀的事情是，给了你翅膀，却不让你飞"；"用最轻巧的脚步跨过生命中最沉重的事情"；"简略的生涯，何尝不是一场华丽的冒险？"在新学期的开门课上，我带着学生走进了毛不易《消愁》的意境，"一杯敬自由，一杯敬死亡"，里面的哲理让人感叹！

27年的坚持，27年的恒一，学生们曾在给我的纪念卡片上写道："佳师本天成，我们偶得之。"

这本书里收集了我的6篇教学设计和10篇课文解读，每一节课的背后都应是智慧与心血的结晶，是一次再创作的过程。为师者应有为师者的魅力与个性，作为学生，他们永远都不会记得一个庸庸碌碌、随波逐流的老师。于是，我对自己说，永远年轻，永远热泪盈眶。

目　录
CONTENTS

教学设计篇

课文解读篇

教学设计篇

《边城》教学设计

一、导入

作家与作品的关系有两类:第一种读作品从而了解作家,如《活着》,了解主人公福贵从而进入作者余华的内心世界,理解他对旺盛生命力的赞美。第二种了解作家才能走进作品的世界,如了解鲁迅,了解鲁迅所处的时代,才会了解他的作品。沈从文和《边城》属于第二种,不了解沈从文,就不能走入他笔下的湘西世界,就不会了解《边城》。

【PPT 湘西凤凰古城的照片】边城的白塔、风车、早晨的凤凰古城、日常生活场景。边城因为有了沈从文才有了文化内涵,沈从文因为有了它,才有了写作的源泉。

二、被尘封的文学大师——沈从文

沈从文的骨灰埋在沱江边,五彩石上的碑文,正面写着"照我思索,能理解我;照我思索,可认识人"。碑背面雕刻着妻妹张充和为他写下的评价"不折不从,星斗其文;亦慈亦让,赤子其人"。碑上面还有表侄黄永玉的悼词"一个士兵要不战死沙场,要不就是回到故乡"。在他去世之后,他的妻子张兆和为他整理一生的作品,曾慨叹"我和他生活 50 年,似乎从未理解过他。"沈从文到底是个什么样的人? 又是位什么样的作家?

师：我们看了沈从文的照片，沈从文到底是个怎样的人？

1. 少年时期顽劣异常，撒谎、赌博、与地痞流氓厮混，但记忆力超强，任何一篇文章读三到四遍后就能背诵下来。

2. 14 岁时，沈从文的父亲无法再管教他，于是送他到部队当了兵。湘西少数民族本就生性好斗，当时的军队实际是半匪半军，14 岁至 20 岁，在军队的六年间，沈从文看到了生活的残酷，看过最多一次杀人，有 400 多个人头，一长串的耳朵。今天，我们看着沈从文先生的画像，很难想到这些场面与这个温文尔雅的的老人相关。

3. 20 岁时只身去北大旁听。因为和好友陆涛打赌比游泳，结果好友溺水身亡。沈从文几日沉思后，决定走出湘西，到北京读书或者当警察。到北大交了 2 元报名费，考了 2 科，全部零分，北大宽容地将 2 元钱退还给沈从文。但沈从文并没有因此放弃，而是到北大旁听。有一次期末考试，三科及格，得到 3 毛 6 分钱的奖学金。后自己自学，为了养活自己，开始写作。冬天穷得买不起棉衣，只能穿两层单衣。大都市的生活破灭了，所以沈从文的文章里，大都市大都是污秽的、灯红酒绿的、堕落的，他愿意自称为"乡下人"。在他处于困境的时候，遇到了贵人郁达夫，郁达夫请他吃饭，并给他提出三条建议，上策，找一个正当的工作；中策，回乡；下策，去偷、去抢。这是愤激之语。后郁达夫为他写了一篇文章——《给一个文学青年的公开状》，为其敲开写作的大门。沈从文的事被大家知道后，他的文章开始被各大报社征用，开始逐渐有了名气。

4. 一生不会标点符号。1924 年至 1948 年，沈从文写了 70 多本小说，成为著名作家，却不会使用标点符号，是由妻子张兆和为他加入标点符号。

5.只有小学文凭却当了大学教授。1928年，沈从文找到胡适，想让胡适推荐合适的大学，他想去读书。胡适知道后，直接聘用沈从文为教授小说写作的老师。沈从文认真备课，第一次走上讲台，沉默10分钟，15分钟读完讲课内容，又站了10分钟后对同学们说，"我第一次上课，见了这么多人，怕了"。胡适了解到这个情况后，说："上课讲不出话，学生没轰他，这就是好老师。"后来沈从文果然不负众望，桃李满天下，其中有著名作家汪曾祺。

6.乡下人娶名门闺秀。张兆和出身名门，在合肥一带非常有名。沈从文对张兆和一见钟情，展开了疯狂追求。作为作家，他当时想到最好的办法就是写情书追求心仪的女学生。张兆和拿到情书后，去找胡适告状。胡适读过情书，反而建议张兆和考虑一下，认为沈从文是一个有才华的人。沈从文经过三年的追求，张兆和终于同意婚事。姐姐张允和代表张家回复沈从文电报"国立青岛大学沈从文，允"。张兆和担心沈从文不明所以，又发了一份电报，写道"乡下人来喝一杯甜酒吧"，后来成为一段佳话。"我一辈子走过许多地方的路，行过许多地方的桥，看过许多次数的云，喝过许多种类的酒，却只爱过一个正当最好年龄的人。""我们相爱一生，但一生太短。"这些都是沈从文笔下的爱情的模样。

7.被批为反动文人，后转行为文物专家。沈从文1924年初涉文坛，1948年创作终止，当时他47岁，正当壮年，正是创作作品最好的时间。新中国建立后，郭沫若在《斥反动文艺》中指责沈从文为地主阶级说话，给了沈从文致命的打击。在沈从文心中，无党派之争，

——让学生遇见美好

自己无法融入当时的政治形势，陷入崩溃，多次自杀。后去劳改，被抄家，发配去扫女厕所，停止小说创作。后来又被发配去历史博物馆当讲解员，成为研究古代文物的专家，专门研究中国古代服饰以及唐宋的铜镜，出版《中国古代服饰研究》，这本书后来成为领导人馈赠外国友人的礼物。

8.国内臭，国外香。美国、香港、日本很多人专门研究沈从文以及他的作品，认为他是当时中国活着的最伟大的作家。

9.两次获得诺贝尔文学奖的提名，但都与其擦肩而过。诺贝尔文学奖只颁给在世的获奖人，第一次由于中国处于"文革"时期，消息闭塞，传言沈从文去世。第二次提名时，沈从文刚刚去世。诺贝尔文学奖评价沈从文的作品具有民族特色和乡土气息。

10.一生城市挣扎，但贪恋故土。沈从文被称为"乡土文学之父"，风俗画家，他的小说被称为"散文化的小说"。他自己也曾说过："我来到城市中五六十年，却始终是一个乡下人。"

小结：喜欢一个作家，从而愿意主动走入他的作品，让我们带着对沈从文的了解，走入他的湘西世界，体会作品的文化内涵。

三、介绍故事情节（略）

四、分析文本

师：这个故事发生在20世纪二三十年代，提到20世纪二三十年代，你马上想到的词语是什么？

生：动荡、水深火热、黑暗、劳苦、流离失所、饿殍遍野。

师：与之相比，作者笔下的茶峒是什么样的，可以用哪几个词来描述？

生:民风朴素、淳朴、和谐、安定、和乐和美。

师:怎样理解这种反差?有四种说法。(PPT)

A.反动文人说。(文学是人学,不是政治)

B.世外桃源说。(因为城市太丑陋,于是作者自己创作出边城这样一个地方,现实是不存在的)

C.淳朴民风说。(就是实实在在的民风)

D.浪漫现实说。(带着痛惜的怀旧)

你更同意哪一个,为什么?

分小组讨论

师提示:沈从文对美有一种极致的追求,他在日记中写过:"某年某月,见一大胖女人从桥上走过,内心十分难过。"在作者眼中,小桥流水人家,应该与之相匹配的是一个婀娜多姿的女子。"文革"期间,沈从文被发配去打扫女厕所,处境糟糕,但是他写给黄永玉的信中"这儿荷花真好"。

师:走进3-6段,边城在作者笔下,都体现了哪些美?

生:风俗美,赛龙舟,捉鸭子;人美,无功利的,无等级的;景美。

师:这篇文章不仅写了各种美,还写了各种爱,你看到了哪几种?

生:友爱;乡邻之爱,如顺顺,80岁了仍然要救人,派人送翠翠回家;祖孙之爱,如翠翠对爷爷的依赖;男女之爱,如翠翠和傩送、天保;兄弟之爱,如哥哥天保死后,弟弟傩送愧疚,外出闯滩。

师:男女之爱,发生在三人之间,两个兄弟同时喜欢上翠翠,这种爱,写得很含蓄,如文中回忆三年前的端午节片段。你根据什么判断大佬、二佬都很喜欢翠翠?

生:第6段中,一年前的端午节,当时躲雨的人有很多,但天保唯独对爷孙二人很关照,夸了爷爷,同时还问翠翠的年纪。

师:面对这两兄弟,翠翠只喜欢傩送,怎么看出来的?

由学生指出文本中出现的段落,逐一分析。

师:作者笔下的男女之爱,淡淡的,朦胧的,我们去猜测一下少女的心事,为什么翠翠会喜欢傩送?

生:戏剧化的相见,两年前,翠翠情窦初开的年纪,进城和爷爷走失,在自己最孤独无助时傩送出现,埋下了爱情的种子。后又由于误会,种子瞬间发芽,翠翠心有所属。这种情感在翠翠以往的生活中是没有出现过的,男女主人公的爱情命运好像被上天操控一般。

师:《边城》中没有坏人,在这样一个好似世外桃源的地方,为什么会发生这个爱情悲剧?

结语:如此美丽的地方,都尚且如此,那么在其他地方呢? 大佬的死永远留在人们的心中。这个爱情悲剧象征着美好,朴素的消失。美总是使人发愁的,悲剧的美更能打动人们的心弦,让人久久难忘,俄狄浦斯的悲剧是命运悲剧,是他无法改变的;哈姆雷特的悲剧是性格,而阿Q、孔乙己的悲剧是社会悲剧。沈从文笔下的悲剧,是他对美的极致追求,而当时的时代又与理想有巨大的差距,使得他笔下的人物被一种不可捉摸的力量操控。

《记梁任公先生的一次演讲》教学设计

一、导入

《诗经》中有一句话"高山仰止，景行行止"，比喻崇高的德行令人敬仰；陶渊明先生说："其人虽已没，千载有余情。"一代风流人物梁启超先生离开我们已经整整80年了，这样伟大的人物我们是不应该忘却的。同学们，在你们的印象和记忆中，你对梁任公有哪些认识？

（引导学生看书下注释，梁启超，中国近代维新派领袖、学者，字卓如，号任公，又号饮冰室主人。）

饮冰，形容十分惶恐焦灼，出自《庄子·人间世》："今吾朝受命而夕饮冰，我其内热与？"是梁启超于戊戌政变逃亡日本后用的笔名，非常真实地反映了他忧国忧民的心情。

1895年梁启超追随康有为发动"公车上书"，1898年参与"百日维新"。"戊戌变法"失败后逃亡日本。1915年支持蔡锷组织护国军反袁，是云南起义的策划者。曾倡导文体改良的"诗界革命"和"小说界革命"。早年所作的政论文流利畅达，感情奔放，如我们熟知的《少年中国说》。晚年在清华大学讲学，著述丰厚，合编为《饮冰室合集》。

今天就让我们通过课文《记梁任公先生的一次演讲》，走进这位文化大师。

二、走近文化大师——梁启超

1.岭南奇才

梁启超，中国近代维新派领袖，学者，字卓如，号任公，又号饮冰室主人。广东新会人，自幼聪明绝顶，深受儒家教育影响。4岁多时学会《诗经》、"四书"，6岁时能通读"五经"，对《史记》、《汉书》等也进行阅读，9岁时能写千言文章，12岁考中秀才，17岁时考中举人。梁启超从小记忆力惊人，看过的书可以过目不忘。有一则趣闻，梁启超年幼时去书店买书，由于钱未带够，所以翻了一遍书本后，问书店老板，书是否可以便宜些。老板肯定地回答，书不能便宜。于是小梁启超放下书，走出书店，其实已将书中内容全都记入脑中。还有一则趣闻可以让我们看到岭南神童独具风采的一面。"四水江第一，四时夏第二，老夫即江夏，谁是第一谁是第二。"这是梁启超到江夏，去拜见张之洞。张之洞早闻梁启超才华出众，有意要考考他，一见面就用上面几句话来问梁启超。梁启超认为张之洞是握有文武大权的人，在他面前，既不能太亢，也不能太卑。太亢了会得罪他，太卑了会被他瞧不起。但也不能不在他面前展示一下自己的学识与才华，略一思索，巧妙地对道："三教儒在前，三纲人在后，小子本儒人，不敢在前，不敢在后。"

2.爱国志士

梁启超18岁遇到了康有为，并拜其为师，影响了梁启超的一生，用梁启超自己的话说："有如当头棒喝，使我猛醒。"从此走上维新道路，参加"戊戌变法"。护国运动为进步党与国民党之联袂运动，但双方多有拆台。岑春煊、唐继尧起义讨袁时，在肇庆设司令部，岑、唐

《记梁任公先生的一次演讲》教学设计

分任正副司令，梁启超任都参谋。此时梁启超正丁父忧，为国事计，秘不发丧，任其职务如故。胡汉民听闻此事，一日忽拍案高叫："我偶得一妙联：诸葛亮七擒七纵，梁启超三保三无。"（按："三保"者，保皇、保袁、保段。"三无"者，无君、无师、无父）实际上梁启超在反袁运动中是起到导师作用的，胡汉民作此评价，绝非负责任的行为。如何理解梁启超政治上的善变，我们可以看梁启超曾经说过的一段话："吾爱孔子，吾尤爱真理！吾爱先辈，吾尤爱国家！吾爱故人，吾尤爱自由！吾又知孔子之爱真理，先辈、故人之爱国家、爱自由，更有甚于吾者也。吾以是自信，吾以是忏悔。为二千年来翻案，吾所不惜；与四万万人挑战，吾所不惧。吾以是报孔子之恩我，吾以是报群教主之恩我，吾以是报我国民之总我。"可见其对国家对自由的坚守。谭嗣同就义前题在狱中壁上一首绝命诗："望门投止思张俭，忍死须臾待杜根。我自横刀向天笑，去留肝胆两昆仑！"谭嗣同当时拒绝了别人让他逃走的劝告，决心一死，愿以身殉法来唤醒和警策国人。他说："各国变法，无不从流血而成，今中国未闻有因变法而流血者，此国之所以不昌也。有之，请自嗣同始。"谭嗣同以死殉道，而梁启超以不死殉道，二者殊途同归，最终都完成了孟子的舍生取义中的最终目的——取义，只是方式与方法的不同，但二者对义的追求都是值得赞扬与歌颂的。

3. 文化巨匠

他一生博学，留下的1400余万字著作，极大地丰富了我国史学、哲学、法学、社会经济学、新闻学等诸多领域的学术研究。他还是位良师，武有蔡锷，文有徐志摩，二人受其影响与教诲。清华今天的校训"自强不息，厚德载物"便由其选定。在子女教育方面他也极为成功。一生九个子女，在各个领域成就非凡，其中以梁思成、梁思永、梁思庄三人最为大家所熟悉。

小结：正是如此卓越的一个人，当梁实秋写到这篇文章时，才会在字里行间涌出无限的敬佩之情。自古卓越之人惺惺相惜，我们看本文的作者梁实秋，他也是一位文化大师。

三、走近文化大师——梁实秋

梁实秋(1903—1987年)，原名梁治华，出生于北京，浙江杭县(今余杭)人。笔名子佳、秋郎、程淑等。中国著名的散文家、学者、文学批评家、翻译家，国内第一个研究莎士比亚的权威。曾与鲁迅等左翼作家笔战不断，一生给中国文坛留下了两千多万字的著作。其散文集创造了中国现代散文著作出版的最高纪录。代表作有《莎士比亚全集》(译作)等。

冰心曾评价：一个人应该像花儿一样，花有色、香、味，人有才、情、趣，三者不可缺一，我的朋友之中，男人中只有梁实秋最像一朵花。

（一）才

梁实秋14岁考入清华，23岁留学法国，回国后，在北师大任教，后写出《雅舍小品》、翻译《莎士比亚全集》，名声斐然。

（二）情

梁实秋温润君子。友情：有挚友冰心、胡适、郁达夫，对朋友秉承"你走，我不送你。你来，无论多大的风雨，我要去接你。"爱情：《槐园梦忆》表达了对妻子的深沉挚爱之情。师生情：与余光中（台湾著名诗人余光中，因一首《乡愁》享誉海内外）的真挚师生情。据说

《记梁任公先生的一次演讲》教学设计

余光中年轻时，已诗情勃发，诗才不凡，随着诗名的远播，诗人要出诗集了。出诗集，总得请更有名气和权威的同行前辈写写序，锦上添花吧。于是，余光中找到了梁实秋，请他写序。余光中的请求，梁实秋爽快答应了。不久，序写好了，但余光中发现，序文竟是一首分三段的诗，与诗集内容没什么关联。余光中当时年轻气盛，并不买账，当场把序诗退还梁实秋。梁实秋并没生气，他说我写的诗不好，等你的诗集出来了，我再给你写篇诗评。后来，梁实秋没有食言，兑现了承诺。余光中于是心生感慨，敬佩梁实秋的气度。

（三）趣

清华读书时，梁实秋是体育差生，不善游泳，但苦练一月后成为高手。懂生活，喜欢各种美食，任何时候都极其幽默。这种幽默不仅反映在其散文中，还表现在一些生活琐事上，如与老舍说过相声，赢得满堂喝彩。

小结：如此有才情的一位文化大师，其文如涓涓细流，很容易走进人们的内心，与之共鸣。今天就让我们通过学习本篇课文，近距离走近两位文学大家，聆听他们的教诲与启迪。

四．文本分析与解读

师：请同学们阅读文章的前两段，思考这两段主要说了什么？这两段是否可以删去？

生：不可以删去，这两段主要是介绍梁启超先生的，让人们去了解梁启超先生。

师：这两段还写了什么？有何作用？

生：为下文做铺垫，介绍了梁启超先生的与众不同，让人印象深刻，表达了对先生的敬佩之情。

师：我们看这两段内容，是否相似，用了什么手法？

生：这两段虽然都介绍了梁启超先生，但用了对比的手法，将先生与显宦和叱咤风云的人物进行了对比，从而交代先生有声望不是因为政治，而是因为对青年人有启迪作用。第二段将演讲稿和演讲做对比，并且用了一个比喻句，比喻为看剧本与看戏，生动形象地体现了先生的演讲趣味十足，演讲更出色，激发了读者的阅读兴趣。

师：分析得很到位，找一位同学为大家朗读第三段。

（学生朗读第三段）

师：我们看第三段梁启超先生出场了，读后你有什么样的感受？

生：先生很有气质和自信。不是靠外貌，而是重在内在，腹有诗书气自华。

师：再请一位同学朗读第四段

（学生朗读第四段）

师：演讲的开场很重要，也很特殊，哪位同学能表演一下先生的出场？

（学生表演）

师：刚刚这位同学的模仿给你留下了什么印象？

生：风趣，幽默，也有一些自信。

师：文章至第四段，演讲才真正开始，梁实秋在本文中选取了几个细节，分三次讲完，我们看看分别是什么，让作者很多年后仍能记忆深刻？

生：《李凭箜篌引》《桃花扇》《闻官军收河南河北》

《记梁任公先生的一次演讲》教学设计

师：我们看这三首诗中最熟悉的一个。杜甫，诗中圣哲，一生忧国忧民，"安得广厦千万间，大庇天下寒士俱欢颜"，《闻官军收河南河北》是杜甫一生中的最能表现快乐之诗，杜甫听闻朝廷平定叛乱，收复河南河北，欣喜若狂，从而让我们看到了一个以天下为己任的诗人，梁启超先生读到此诗时，张口大笑，真是"忧亦天下，乐亦天下"。梁启超和杜甫二者形象完全重叠在一起。第二首诗出自《桃花扇》，我们通过书下注释知道小说写了明末"秦淮八艳"之一李香君与才子侯方域的爱情故事，充满了国破家亡的沧桑之情，当先生讲到高皇帝时，悲从中来，痛哭流涕，这是为当时中国而哭，为衰败中国而哭，为中国人民而哭，也为曾经的光绪皇帝而哭。我们看最难理解的一首《李凭箜篌引》，大家齐读第五段。

（学生齐声朗读）

师：很多人喜欢这首诗，王国维曾评价这首诗："这十六个字构成中国最悲壮的一幕。"在中国有两种思想一直左右着知识分子，一种是儒家的"知其不可为而为之"，一种是道家的"知其不可为而不为"，中国历史上有很多白首狂夫，这是一种人的代表，明知前路迷茫，无路可走，但仍毅然决然地走下去，当梁启超先生读到这首诗时会想起谁？

生：一定会想到谭嗣同，想到谭嗣同的"有心杀贼，无力回天，死得其所，快哉快哉！"

师：这三个细节让作者印象很深刻，在文章的结尾做了一个深刻的总结，请大家齐读最后一段。

（学生朗读最后一段）

——让学生遇见美好

师：我们看文中概括梁启超先生的三个词："有文采、有学问、热心肠"。这是什么意思？

生：因为先生对周围事情关心，乐于助人。

师：这是一篇演讲，为什么要夸演讲者热心肠，怎么理解？

生：先生演讲真性情，所选择的诗句都与爱国有关，表现出爱国热情。

师：写作这篇文章时，梁实秋业已人到中年，从听先生的演讲到今，已过了二十年，此时也如同来到黄河渡口，前路迷茫，正是由于"知其不可为而为之"的勇气，鼓励他毅然决然地走下去。

小结：本篇文章虽然篇幅短小，但内涵很深，让我们看到了一个热心肠的，有着炽热爱国之情的梁启超先生。

《沁园春·长沙》教学设计

一、导入

师：一提起诗歌，你记得最清楚的诗句是什么，无论是中国的还是外国的？

生：顾城《一代人》："黑夜给了我黑色的眼睛，我却用它来寻找光明。"叶芝《当你老了》："多少人曾爱过你荣光焕发的楚楚美丽，爱你的倾城容颜，或是真心，或是做戏，但只有一个人，他爱的是你圣洁虔诚的心，当你洗尽铅华，伤逝红颜的老去，他也依然深爱着你。"

师：我们每个中国人都在诗歌中不知不觉地成长，对于我们来说诗歌是生活的必需品，不是奢侈品，我们要以中国人的诗心去迎接它。

二、诗歌发展分类

1.时间 :1919 年之前之后。

2.形式:分为古代诗歌和现代诗歌。

古代诗歌。分为诗词曲，其中唐诗宋词元曲，又被评价为"诗庄、词媚、曲谐"。古代诗歌又分为古体诗，包括乐府诗、楚辞等。近体诗（格律诗）包括绝句、律诗。词分为婉约派和豪放派。曲分为散曲和杂剧。

三、解题

《沁园春·长沙》内容为现代新诗，形式是词。沁园，园林的名字，东汉明帝的女儿沁水公主居住过，后被外戚窦宪仗势抢夺，有人作诗歌咏这件事，词牌由此而来。词牌规定整首诗的格式，包括押什么韵以及全词的字数限制等。题目为"长沙"，交代了地点。

四、走近作者

孟子云："颂其诗，读其书，不知其人，可乎？是以论其世也。"简单地说就是知人论世，一位作家选择什么样的题材，表现什么样的思想，抒发什么情感，这一切均由他的人生观和生活经历决定，同时与他所处的时代密切相关。

历史的洪流中有三位人物是被人们长久敬佩的，一个是明代王守仁，他文武全才，他的心学，在哲学史上有着浓墨重彩的一笔。一个是曾国藩，当今天我们翻阅《曾国藩家书》时，心中涌起无限敬佩之情，还有苏轼，是文学上的全才，人生漂浮中，创造诗坛不朽神话。我们今天看毛泽东也可以称上全才，他懂军事、政治、自然科学、佛学、社会科学、文学。开国大典时，人们评价："一个诗人拥有了中国。"我们看《恰同学少年》的主题曲："书翻千秋史，谈尽古今愁，美哉！潇湘伟少年，踏浪湘江竞风流，名与利，莫问候，书并剑，到心头，挥毫万山红，举臂托飞舟，美哉！中华为少年，他日神州竞风流。"

师：结合你初中时学习的《沁园春·雪》"北国风光，千里冰封，万里雪飘"，和你预习时读的《沁园春·长沙》，你认为毛泽东的词是哪一种类型？

生：豪放派。

师：毛泽东从小就是有气概的，13岁时写了一首《咏蛙》诗："独坐池塘如虎踞，绿杨树下养精神。春来我不先开口，哪个虫儿敢做声。"

《沁园春·长沙》教学设计

有气魄且霸气十足。16岁时，第一次离开故乡，到外地去，临行前写下："孩儿立志出乡关，学不成名誓不还，埋骨何须桑梓地，人生无处不青山。"毛泽东的词体现出他独有的气魄、霸气和远大志向。

五、写作背景

1925年2月毛泽东在韶山领导农民运动，几个月内就组织了二十多个农民协会，军阀赵恒惕要逮捕他，于是他赶赴广州接办农民运动讲习所。1925年10月，毛泽东32岁，途经长沙，游橘子洲头、岳麓山，面对秋景和革命的大好形势，想起了昔日求学和革命斗争的岁月，写下这首诗。

六、朗读

32岁，诗人刚过而立之年，为革命在祖国各处奔走，我们朗读时要读出气势，分组朗读上下阙，把握好感情。

七、文本分析与解读

师：这首诗分为上下阕，分别写了什么？

生：上阙写景，下阙抒情。

师：上阙前三句语序是否正常？正常的语序是什么？

生：诗人用了倒装句，寒秋，独立在橘子洲头，湘江北去。

师：诗人用倒装句是为了强调哪两个字？为什么？

生：独立，"独"字表明毛泽东一个人站在橘子洲头，"立"字除"站立"之意外，还有"挺立""肃立"，甚至"耸立"之意。这两个字放在全诗的开篇，为我们塑造了一位卓尔不群、勇敢面对湘江北去的诗人形象，表现出身为中流砥柱的英雄气概。

师：朗读"看万山红遍"至"万类霜天竞自由"，回顾上节课的第

——让学生遇见美好

二个问题，诗人描写了哪些意象，从文中圈出来。

生：万山、层林、漫江、百舸、鹰、鱼、万类霜天。

师：这些景物都有什么共同特点？自古逢秋悲寂寥，这首词是这样么？它的景物有什么特点？

生：充满生机。满山红叶，热情似火，江水碧绿清澈，船只在江中奋勇前进，鹰击长空，鱼儿在水中跳跃，万物都在秋光中生机勃勃。

师：这种氛围是什么？

生：快乐的、自由的、有活力的。

师：诗人为我们呈现如此美丽的画卷时，用了哪些手法？

提示：一般描写可以分为正面描写和侧面描写，如《陌上桑》中关于罗敷的容貌美丽的描写有正面描写："青丝为笼系，桂枝为笼钩。头上倭堕髻，耳中明月珠；缃绮为下裙，紫绮为上襦。"侧面描写："行者见罗敷，下担捋髭须。少年见罗敷，脱帽著帩头。耕者忘其犁，锄者忘其锄；来归相怨怒，但坐观罗敷。"古诗正面手法中有动静结合、虚实结合(如"独在异乡为异客，每逢佳节倍思亲，遥知兄弟登高处，遍插茱萸少一人")、点面结合（如"千山鸟飞绝，万径人踪灭。孤舟蓑笠翁，独钓寒江雪"）、色彩渲染、角度变化、细节描写等。

师：这首词的上阙写景用了哪些手法？怎么体现出来的？有何作用？

生：色彩渲染、动静结合、观察角度变化。

师：对于词来说，一般上片写景，下片抒情，抒情方式可以分为两类，直接抒情即直抒胸臆，间接抒情分为借景抒情、借事抒情、借物抒情和用典抒情。上片结尾提出疑问，"谁主沉浮？"引出下片，作

《沁园春·长沙》教学设计

者为什么会提出这千古一问？

生：当时的时代背景，也有诗人本身性格的原因，同时触景生情。

师：下阕主要写人，写了哪些人？他们有什么特点？请在文中圈出来。

生：百侣、同学、书生。这些人都是年轻人，他们有才华，有抱负，强劲有力，敢于反抗。他们以天下为己任，主宰中国的命运。

师：全体朗读这首诗，读完整首诗，概括出这首诗为我们呈现出来的画面？

生：独立寒秋图、湘江秋景图、峥嵘岁月图。

师：这首诗借景抒情，我们分角色朗读，前三句一个人读，读出超然独立、不欲同流合污的情感。中间七句写景，读出豪壮之美，上片后三句，要有思考。下片，最开始时慢些，接下来要激昂起来，有层次感，最后情感迸发。前三句深沉找一个男生读，中间七句轻快女生读，男生读激昂的诗句。

小结：《沁园春·长沙》的崇高美，是以情为经线，景为纬线，交织而成的。它不仅使我们欣赏了壮丽秋景，也使我们从诗人昂扬炽烈的革命情怀中，汲取奋发前进的信心和力量。

《滕王阁序》教学设计

一、导入

我们祖国这块神奇的土地上，积淀了五千年的文化遗产，宫殿园林，亭台楼阁比比皆是。在众多的人文景观中，"中国古代四大名楼"，因其精美的建筑流传千古，更因名人的游历题诗而具有了特殊的含义。这里有因"黄鹤一去不复返，白云千载空悠悠"而著名的黄鹤楼，有因"先天下之忧而忧，后天下之乐而乐"而著名的岳阳楼，最出名的当属因"落霞与孤鹜齐飞，秋水共长天一色"而闻名古今的滕王阁。

二、走进王勃的"红与黑"

初唐四杰有王勃、骆宾王、杨炯、卢照邻。很多人读过司汤达的《红与黑》，对于连又爱又恨还有同情，红与黑是两种极端的色彩，这两个色彩也适用于王勃。

（一）家庭

艺术家可遇而不可求，西方有一句谚语：造就一个艺术家需要三代，这说明家庭教育的重要性。有些人是天才，有些人历经坎坷而成功，王勃属于前者。

王勃（649—675年），字子安，绛州龙门（现在山西河津）人。文学家庭出身，隋末时王家就很有名望，祖父王通，隋末第一大儒，文坛领袖。叔叔王绩一改齐梁体的脂粉气，为初唐诗歌打开一扇门，

《滕王阁序》教学设计

如《野望》。王勃从小受家庭的熏陶，使他受到了良好的教育，但这也是一把双刃剑，造成王勃不成熟，幼稚，不理智，给他以后的人生埋下祸端。

（二）神童

王勃才华早露，6 岁即善写文章，14 岁便科举中第。被司刑太常伯刘祥道赞为神童，向朝廷表荐，对策高第，授朝散郎。

（三）幼稚

如果说前两点是王勃"红"的一面，那么，幼稚就是其"黑"的一面。沛王李贤闻其名声，邀请他当王府侍读，两年后因一篇《檄英王鸡》的游戏文章触怒了唐高宗，被逐出沛王府。但王勃并未吸取教训，后因擅杀官奴曹达而犯罪。官奴曹达犯罪，王勃本出于义气而收留曹达，但后因自己害怕而后悔，将曹达私自杀死，并埋入自家后花园，被人揭发而获罪，父亲也受连累贬为交趾令（今越南）。自己仕途也就此结束，上帝是公平的，给了王勃极其灿烂的一面，同时也给予他不光明的一面。

（四）《滕王阁序》

上元二年（675 年），王勃 26 岁时前往交趾省亲，途经南昌，正赶上当地都督阎伯屿在滕王阁上欢宴群僚和宾客。世间际遇无法预测，曾有陈子昂与幽州台相遇，便有了《登幽州台歌》；范仲淹与岳阳楼相遇，便有了《岳阳楼记》；王勃在滕王阁宴会上赋诗，写了这篇著名的《滕王阁序》。今天人们再次登览滕王阁，已经是多次重建后的滕王阁，但人们仍然会想起王勃和他的《滕王阁序》，《滕王阁序》是王勃一生最辉煌灿烂的一笔。两个月后，王勃渡海溺水，惊悸而死。

——让学生遇见美好

三、朗读课文

1.教师泛读，与《归去来兮辞》相对比，两者均属于骈文，句式对偶整齐，音韵和谐。

骈文，是魏晋后产生的一种新文体，又称骈体文、骈俪文。南北朝是骈体文的全盛时期。骈体文的表达方式与一般的散文有所不同，语言上有三方面的特点：第一是语句方面的特点，即骈偶和"四六"；第二是语音方面的特点，即平仄相对；第三是用词方面的特点，即用典和藻饰。

2.《兰亭集序》属于宴集序，《送东阳马生序》属于临别赠言，现代的书籍，写在前面的是序言，概括说明，进行内容简介。序言可以自己写，也可以由他人写。《滕王阁序》既是为宴会而写，也是为送别而写。序，文体的一种。有书序、赠序、宴集序等。书序是著作或诗文前的说明或评价性文字，本文是饯别序，即临别赠言，属于赠序类的文章。

3.学生齐读。同学们在读这篇序的过程中，需要了解，这篇序写了什么事？描绘了什么景？抒发了什么情感？

四、分析文章

师：读过这篇文章，你是否喜欢？

生：不喜欢，文章情感悲观，多用古人典故自比，不喜欢其自怨自艾，不乐观，不淡定的情感，景描写得虽美，但没有真实感，没有震撼之美。

师：大家没读到位，文章用了大量典故，宴会主人看完此序，却很喜欢，否则不会大加赞赏，以此为切入点再读。

《滕王阁序》教学设计

生：齐读。

师：第一段，每人一句，疏通文章大意，第一段主要写事，主要写了那些事？

生：第一段主要写了诗人参加此次宴会的原因和荣幸之感，第一段介绍了滕王阁的地理位置，运用了"接、襟、带、控、引"等词，表现滕王阁地理位置重要。同时，此地物产奇异，"物华天宝"。而且人才杰出，"俊采星驰"，参加宴会的宾主尊贵。

师：从阎都督的反应看，他开始认为王勃写的"老生常谈"，毫无新意。这段也不是这篇文章流传千古的原因。到第二段，第三段时，阎都督听后，为什么站了起来，曰："流传千古，当垂不朽。"一人翻译一句，思考问题。

生：疏通文章第二、三段。

师：上文写事，下文写景。楼阁壮丽，山川胜景。近处楼阁，远处山川。观察角度由近到远，由静到动，由暗到明，心情由局促到开阔，"落霞与孤鹜齐飞，秋水共长天一色"两句，借鉴庾信"落花与芝盖同飞，杨柳共春旗一色"。王勃的文字与之相比，境界更加开阔，美感强烈，有独特创新，青出于蓝而胜于蓝。

师：登高临远，是古人常做之事，登高必抒情，王勃在这篇文章中抒发的情感是什么？齐读第四段。

生：兴，写了宴会之乐，才华之乐，天下间最美丽的事物聚集在一起。但情感由乐转向悲哀。

师：回顾《兰亭集序》诗人"乐极生悲""兴尽悲来"，这篇文章王勃由何而悲？

生：文章运用了晋元帝的典故，王勃此时站在滕王阁上，望而不见国都，悲从中来。南冥，南海天池，极其偏远的地方；李广，"但使龙城飞将在，不教胡马度阴山"，飞将军一生难以封侯，生不逢时；贾谊，怀才不遇的代表；梁鸿得罪君主流窜偏远之地。从以上典故，可以看出王勃为何而悲，是感叹"时运不济，命途多舛"。王勃所举的事例，均是有才华之人，与自己相似，但又都不得志。所以王勃为怀才不遇、不得志而悲，为前途而悲，为孤独无知己远在异地而悲，为年华易逝、自己一事无成而悲。

师：悲到极致之后，王勃是否一直沉浸在悲凉之中？他用什么化解自己的悲凉？有些人面对悲凉，能走出困境，从而豁达，坚持本心，坚持理想，变得乐观、勇敢。他们有些寄情山水，有些寻求人生新的追求，王勃却与众不同，26岁的青年，勇敢面对自己所经历的事件。

师：大家齐读最后两段，看王勃写了什么？

生：自叙遭遇，怀才不遇，表现自己的远大志向和临别赠言。

附：唐高宗三叹王子安

唐李治继位，是为高宗。高宗在位期间，为王勃之才三叹传为佳话。

王勃，字子安，14岁不到就去应举。应试之日，到考场用眼四观，见全是年长公子，束发秀才，白首童生，唯独自己还是一个孩童。当主考官点名点到王勃时，见其长衫拖地，乳臭未干，一脸稚气，心中颇有几分不快。王勃非常聪敏，见状，连忙上前叩拜施礼，说："宗师

《滕王阁序》教学设计

爷在上，学生龙门王勃前来参拜聆教。"这几句话，听者颇觉字字顺耳。主考官此时突生奚落之念，出口道："蓝衫拖地，怪貌谁能认！"王郎仗胆反讥："紫冠冲天，奇才人不识。"主考官笑，再戏谑道："昨日偷桃钻狗洞，不知是谁？"王郎趣答："今朝攀桂步蟾宫，必定有我。"主考官窃喜，拊掌道："神童，神童，果然是龙门神童，准考。"

王勃赴考高中后，授朝散郎，成为朝廷最年少的命官。嗣后，才思泉涌，笔端生花，撰《宸游东岳颂》、《乾元殿颂》，文章绮丽，惊动圣听。高宗见此两篇颂词，歌功颂德，词美义壮，乃是未及弱冠的神童所为，惊叹不已："奇才，奇才，我大唐奇才！"王勃的文名也为之大振，与杨炯、卢照邻、骆宾王合称"初唐四杰"，并推为首位。

不久，沛王贤闻其名，如为沛王府修撰，十分爱重。沛王贤，周王显，均是贪嬉少年，相与以斗鸡为乐，不惜千金求珍禽，以较高下。二王素来喜欢与王勃谈笑，每次斗鸡时，必请王勃一道畅饮欢宴。王勃仗着文才，戏为《檄英王斗鸡文》，

不料此文传到高宗手中，圣颜不悦，读毕则怒而叹道："歪才，歪才！二王斗鸡，王勃身为博士，不行谏诤，反作檄文，有意虚构，夸大事态，此人应立即逐出王府。"于是，王勃被逐。

这样，过了些年头，到了上元二年（675 年）冬，长安城里都传颂着脍炙人口的《滕王阁序》。一天，唐高宗也读到这篇序文，见有"落霞与孤鹜齐飞，秋水共长天一色"之句，不禁拍案，惊道："此乃千古绝唱，真天才也。"又读下云，见一首四韵八句诗："滕王高阁临江渚，佩玉鸣鸾罢歌舞。画栋朝飞南浦云，珠帘暮卷西山雨。闲云潭影日悠悠，物换星移几度秋。阁中帝子今何在，槛外长江空自流。"唐皇

——让学生遇见美好

一扫成见，连声叹道："好诗，好诗！做了一篇长文字，还有如此好诗做出来，岂非强弩之末尚能穿七扎乎！真乃罕世之才，罕世之才！当年朕因斗鸡文逐斥了他，是朕之错也。"于是高宗问道："现下，王勃在何处？朕要召他入朝！"太监吞吞吐吐答道："王勃已落水而亡。"高宗喟然长叹，自言自语："可惜，可惜！"

《再别康桥》教学设计

一、导入

《雨巷》是象征派的诗，因此有多元化的理解，今天我们学习另外一位诗人徐志摩的《再别康桥》。"轻轻的我走了，正如我轻轻的来"，一首带有淡淡哀愁的离别诗牵动了多少文人学者的心。徐志摩，他就这样悄悄地来，又这样悄悄地走了。诗人志摩是怎样一个人呢？

二、走近作者——徐志摩

1.才子:徐志摩（1896—1931 年）浙江海宁人，笔名云中鹤、南湖、诗哲。家庭条件很优渥，而且自身也天资聪明，11 岁就进入杭州学堂，1916 年进入北洋大学，1917 年北洋大学被北大合并，在北京大学学习法学，1918 年赴美留学，两年内获得历史学文学学位，1920 年赴英国，就读于剑桥大学，攻读博士学位，其间徐志摩邂逅了林徽音，度过了一段美好的留学时光。1923 年回国，成立了新月诗社，诗社成员还有闻一多。1923 年泰戈尔访华，全程陪同。1931 年因飞机失事而离世，享年 35 岁。《再别康桥》这首诗，较为典型地表现了徐志摩诗歌的风格。诗歌记下了诗人1928年秋重到英国、再别康桥的情感体验，表现了一种含着淡淡忧愁的离情别绪。康桥，即剑桥，英国著名的剑桥大学所在地。康桥的一切，早就给他留下了美好的印象，如今又要和它告别了，千缕柔情、万种感触涌上心头。康河的水，开启了诗人的性灵，

——让学生遇见美好

唤醒了久蛰在他心中的激情，于是便吟成了这首传世之作。

2.情痴:他一生中有三段感情:张幼仪、林徽因、陆小曼。徐志摩曾说过:"爱情和婚姻是人生中唯一的要事。""爱，得之，我幸;不得，我命，如此而已。"没有爱情，徐志摩也许不会成为诗人。

3.传奇:诗人之死，有时也是一种诗意，如李白捉月而死。徐志摩在一个最恰当的时间消失了。诗人济慈的墓志铭是:"这里躺着一个人，他把名字写在水上。"那么在泰山脚下，我们可以说:"这里躺着一个人，这个人的名字是写在火上的。"徐志摩去世后，有很多人悼念他，蔡元培为他写了挽联:"谈话是诗，举动是诗，毕生行径都是诗，诗的意味渗透了，随遇自有乐土;乘船可死，驱车可死，斗室生卧也可死，死于飞机偶然者，不必视为畏途。"郁达夫为他写:"两卷新诗，二十年旧友，相逢同是天涯，只为佳人难再得;一声何满，九点齐烟，化鹤重归华表，应愁高处不胜寒。"

三、文本分析

师:全班集体朗读，把握情感，单独朗读，把握诗歌的音韵结构。

师:同是描写离别的诗歌，《忆秦娥·箫声夜》被称为"百代词典之祖"，其中写道:"箫声咽，秦娥梦断秦楼月。秦楼月，年年柳色，灞陵伤别。乐游原上清秋节，咸阳古道音尘绝。音尘绝，西风残照，汉家陵阙。"

我们读诗，一看题目，二看作者，三看背景，四看大意，五看意象。

师:这首诗共有七小节，大家梳理一下它的结构。

生:第一小节为现实，2—5节为寻梦，6—7节为现实。

《再别康桥》教学设计

师：齐读第一小节，表现了诗人对康桥怎样的情感？

生：不舍、依恋之情。

师：带着这种情感，我们再次朗读这一节。第二小节作者选取了康桥的什么意象？

生：金柳。在古代边塞诗、送别诗、思乡诗、闺怨诗中皆有柳这种意象，"柳"的谐音为"留"，柳还表示生命力顽强，有时柳树还指代家乡。如《五柳先生》在门前种柳树，在房后种杨树。

师：徐志摩笔下的柳树为什么像新娘？为什么在我的心头荡漾？

生：这是暗喻，新娘是美丽的，有生机的，以此形容河畔的金柳更加生动形象地体现了柳的生命力顽强。景中有情，情中有景，表现了对康桥一草一木的喜爱之情。

师：《再别康桥》中的柳是什么？

生：是金柳，饱含离别时的不舍之情。奠定了全诗的感情基调。

师：整首诗中还有哪些诗句是你喜欢的，为什么？

生：第三小节中的水草，运用了拟人的修辞手法，水草在康河中招摇，不仅是诗人留恋康桥，水草也在留恋诗人。属于古诗中的"对写法"。

师：将柔波换成碧波，是否合适？

生：柔比碧好，柔会让人想到母亲的怀抱，有一种眷恋之情。作者再次回到母校，有一种安全感和眷恋感。正如徐志摩所说的"我的眼是康桥教我睁的，我的求知欲是康桥给我拨动的，我的自我意识是康桥给我胚胎的。"

生：喜欢第6节，这一节诗人想到梦就去寻，但又不能放歌，因为放歌会惊醒梦，悄悄地，沉默地呵护着"我的梦"。"夏虫也为我沉默"，这是有我之境，万物皆著我情。

师：这首离别诗与我们曾接触过的离别诗有何不同？如初中时王勃《送杜少府之任蜀州》："城阙辅三秦，风烟望五津。与君离别意，同是宦游人。海内存知己，天涯若比邻。无为在歧路，儿女共沾巾。"王昌龄《芙蓉楼送辛渐》："寒雨连江夜入吴，平明送客楚山孤。洛阳亲友如相问，一片冰心在玉壶。"李白《赠汪伦》："李白乘舟将欲行，忽闻岸上踏歌声。桃花潭水深千尺，不及汪伦送我情。"

生：这首诗体现了清新的意境，离别对象与众不同。古人离别的对象多为亲人、朋友，而徐志摩是与母校分别，与母校的一草一木作别，作别西天的云彩，给人一种清新飘逸之感。气氛不同。古人或是惨别，或是凄凉之别，或是爽别，徐志摩的诗是淡淡的离别，轻轻的，悄悄的。意象不同。徐志摩选择西边的云彩、河畔的金柳、水草、虹、柔波、星辉。一般的送别场面多会有高楼大厦，车水马龙，人声鼎沸，耳中还会有机械的轰鸣声，但这一切都没有摄入徐志摩的镜头。

师：徐志摩诗中的美好像不食人间烟火，营造出一种清新之感。再次朗读全诗，说出这首诗的美还体现在哪里？

生：绘画美，有画面感，色彩鲜明。音乐美，押韵，音节和谐，回环复沓。建筑美，节的匀称，句的整齐，共七节，每节两句，单行和双行错开排列，字数上也都整齐划一。

师：带着这种美感朗读全诗。

结语：康桥是徐志摩灵魂的故乡，我们通过这首诗能感觉到诗人对康桥依依不舍，希望与康桥永不分离的感情。

《装在套子里的人》教学设计

第一课时

一、导入

同学们，回想一下我们学过的小说，每篇小说都为我们塑造了个性鲜明的人物形象。其中有行侠仗义，该出手时就出手的花和尚鲁智深；聪明敏感的千金小姐林黛玉；受封建压迫的苦命的祥林嫂；可悲可叹的孔乙己；中举发疯的范进……形形色色，林林总总，都免不了打上时代的烙印。今天，我们还要学习这样一位被时代烙印了的人物——装在套子里的别里科夫。

二、作者介绍

欧美有三位短篇小说大师：欧·亨利（美），代表作有《麦琪的礼物》《最后一片常青藤树叶》《警察与赞美诗》等；契诃夫（俄），代表作有《凡卡》《变色龙》《装在套子里的人》《小公务员之死》等；莫泊桑（法），代表作有《我的叔叔于勒》《项链》《羊脂球》等。这三人各有特点：欧·亨利小说结尾的特点，出人意料，又在情理之中；契诃夫的小说中塑造了大量的典型式的、漫画式的、标签式的人物形象，讽刺性强，如同一幅幅漫画，幽默过后，引人深思；莫泊桑讽刺性强，用小人物的事反映社会大的风气，即以小见大。

今天，让我们走近契诃夫。

——让学生遇见美好

契诃夫生于1860年，卒于1904年，相较于其他作家，生命短暂，但在有限的生命里创造了八百多部小说，十多部戏剧。今天我们看着他的照片，想象一下，一个戴着夹鼻眼镜、留着山羊胡子的男人，一会儿开药方，一会儿写小说。他能同时干好医生和作家这两份差使吗？在一般人的想象里，这几乎是不可能的事情，但是契诃夫他却做到了，他身兼两职，从医生到文人，他都做的游刃有余，既是方圆几十里内无人不知的医生，也是蜚声文坛的作家。

（一）童年

他自己曾说过，自己的童年是"没有童年的童年"，是艰辛的童年。家里农奴出身，身份低微。祖父时为自己赎回自由，父亲时家里开了一家杂货店，伙计只有一人，即父亲，所以契诃夫童年就在店中帮父亲打杂，在父亲的呵斥下长大。所以契诃夫的小说落笔点低，契诃夫在投身写作的前十年，很没自信，用笔名写作，不敢用真名。写人物不写上流社会中的贵族，只写小人物，如凡卡、奥楚蔑洛夫、小公务员等。

（二）自由的作家

契诃夫长大后开始行医，曾说过我大概是整个国家最穷的医生。他不认路，又没有马车，写作也时断时续。因为要出诊，所以写作就会被打断，起初写作就是无目的的，是一个自由的作家。当时的社会环境，流行长篇连载的小说，这类小说是供有钱人消遣的。而短篇小说，往往被认为是快餐文化（低级、无聊、滑稽的作品）。契诃夫认为写作不仅是自己喜爱的东西，更是自己谋生的手段，长篇小说耗时太久，于是选择短篇小说，可以为自己带来一部分收入。1883年开始转

《装在套子里的人》教学设计

变，小说转向批判、讽刺性的方向，成为批判现实主义作家，获得"普希金奖"，被列夫·托尔斯泰称为"散文中的普希金"，成为当时最著名的作家。

（三）批判现实主义大师

双面人写双面人生，契诃夫左手是批判，右手是悲悯。《凡卡》中小主人公凡卡写给爷爷的信，在邮寄时只在信封上写着：乡下爷爷收，传递的是孤独与悲伤，隐藏着契诃夫式的绝望、悲悯、同情的一面。作品的美妙之处在于批判中又有悲悯，他曾用一年的时间来到萨哈林岛，这是一座被称为人间地狱之地的岛屿，是苦囚犯的流放之地、苦寒之地，契诃夫历经艰险来到此地，记录下他所看到的每一幕，记录下人们饱受肺病的折磨，记录下这里终年苦寒的恶劣环境。契诃夫当之无愧地被称为"俄罗斯知识分子的良心"。

三、课文分析

师：请同学们阅读课文1至5段，思考别里科夫身上有多少个套子？

生：（列举略）别里科夫几乎把自己完全套住了。

师：这么多的套子我们可以分为几类？

生：可以分为两类：有形的套子和无形的套子。有形的套子有雨鞋、棉大衣、雨伞、竖起的衣领、黑眼镜、羊毛衫、堵住耳朵的棉花等生活中的衣着和用具。无形的套子有喜欢歌颂过去、用所教的古代语言躲避生活、只相信政府的告示和报纸上的文字、对不合规矩的事闷闷不乐、经常说"千万别出什么乱子"等思想与论调。

师：从中我们可以看出套子的实质是什么？

生:限制人们的思想自由、行动的规矩,各种思想道德观念、法律,各种规章制度和生活习惯。

师:通过这几段的了解,我们初步看,别里科夫是一个怎样的人?

生:封闭,与世隔绝,生活上、思想上、精神上都与外界隔绝,胆子小,多疑,害怕变革,守旧。

师:就是这样一个人,作者重点写了他的什么故事?阅读6段至38段,别里科夫结婚了,这是他最大的变化。请同学们阅读文本思考围绕结婚这件事,作者写了几个事件?

生:三个事件,分别是漫画事件、骑车事件,摔楼事件,然后主人公别里科夫就死了。

师:请同学们分析这三个事件。思考别里科夫是怎么死的?通过这三个事件可以看出别里科夫什么样的特点?

第二课时

导入:通过对上节课文章开篇的分析,我们了解到装在别里科夫身上的套子有两类,有形的和无形的,我们发现他是一个胆小、多疑、守旧、封闭的人。文章从第6段至38段重点介绍了他的婚事,又围绕婚事讲了三个事件,分别为漫画事件、骑车事件,摔楼事件。今天我们继续分析这个人物的形象特点。

师:别里科夫是因为爱情而结婚么?

生:不是,别里科夫是装在套子里的人,他认为男大当婚是生活

《装在套子里的人》教学设计

中必须经历的套子。

师：找同学读一下漫画事件，同学们思考作者对漫画事件是什么态度？

生：促狭，恶作剧，玩笑。

师：作者在此段对别里科夫有什么描写？

生：神态描写，语言描写。（举例略）

师：你对别里科夫又有什么样的理解，他为什么这样？

生：别里科夫总说"千万别出什么乱子"，他认为生活应该循规蹈矩，所以他认为这是乱子。画漫画的人是天下最歹毒的人，在他看来这是阴谋。

师：齐读骑车事件，思考作者又用什么描写方法描写别里科夫？

生：神态描写，语言描写。由脸色发青到吓得脸色发白。

师：别里科夫吓得脸色发白是由于什么？为什么？

生：看到华连卡骑自行车，当时的社会背景，沙皇限制人们的言论和行动，实行专制统治，女性骑自行车是受限制的，当别里科夫看到女性骑自行车，而且这女子还是自己的女朋友，所以他认为出乱子了，而且是大乱子。

师：我们看摔楼事件，文章有大段的对话描写，找两位同学为大家分角色朗读。

（学生分角色朗读）

师：这段对话非常精彩，别里科夫的语言描写主要在这段，通过这段你感觉他是一个怎样的人？

生：头脑中有滑稽的逻辑，害怕变革，害怕新思想。

——让学生遇见美好

师：在别里科夫眼里华连卡的弟弟还有哪些不对？

生：穿着绣花衬衫出门，拿着书在大街上走来走去。

师：为什么不对？

生：因为政府没规定，没有官方的批准。别里科夫主要站在政府的角度，为当时的政府社会和专制体制说话。

师：三件事表明别里科夫代表的就是当时的专制体制，不允许有新的思想和变革。我们看别里科夫最后是怎样死的？是羞愧而死还是摔死的，本质上有什么区别？

生：别里科夫的死意味着封建统治的腐朽，不堪一击，必将瓦解。三个事件吓死他，反映出他的内心多么的脆弱。在变革的潮流中，这样的人必会灭亡。

师：小说的结局有没有别的可能，二者在一起了，结婚了，或者别里科夫没结婚，也没死？

生：死是必然的，因为社会运转不会停，害怕、阻碍社会变革的人，他们也只能被社会抛弃。

师：最后一自然段，"可是一个礼拜还没有过完，生活又恢复旧样子，跟先前一样沉闷、无聊、乱糟糟了。结果并没有好一点。实在的，虽然我们埋葬了别里科夫，可是这种装在套子里的人，却还有许多，将来也还不知道有多少呢！"别里科夫能辖制学校如此之久，他为什么有这样的力量？

生：人们怕的是别里科夫背后的力量——专制思想的统治力量。别里科夫虽然死了，但一切又恢复了旧样子，因为专制统治和思想仍然在，别里科夫这样的人就会不断出现。

《装在套子里的人》教学设计

师：这篇小说的标题有两种翻译方式，《套中人》《装在套子里的人》你认为哪一个更好？

生：第二个更好，因为能体现出被动性，非自愿的。契诃夫描写别里科夫不仅是批判这个人，对他也有悲悯、同情，作者真正批判的是当时的社会。

小结：当今社会也有装在套子里的人，也有一些人生活在奴性的境界，对此我们既批判又同情、悲悯。

课文解读篇

雅竹生姿——《文与可画篔筜谷偃竹记》

苏轼，文化方面的全才，艺术上的十项全能选手，诗、词、文、书法、绘画、音律无所不精。林语堂说："苏东坡是一个无可救药的乐天派、一个伟大的人道主义者、一个百姓的朋友、一个大文豪、大书法家、创新的画家、造酒试验家、一个工程师、一个憎恨清教徒主义的人、一位瑜伽修行者佛教徒、巨儒政治家、一个皇帝的秘书、酒仙、厚道的法官、一位在政治上专唱反调的人。一个月夜徘徊者、一个诗人、一个小丑。但是这还不足以道出苏东坡的全部……苏东坡比中国其他的诗人更具有多面性天才的丰富感、变化感和幽默感，智能优异，心灵却像天真的小孩——这种混合等于耶稣所谓蛇的智慧加上鸽子的温文。"

苏轼，字子瞻，又字和仲，号铁冠道人、东坡居士，世称苏东坡、苏仙。苏轼是宋代文学最高成就的代表，他在诗、词、散文、书、画等方面取得了很高的成就。其诗题材广阔，清新豪健，善用夸张比喻，独具风格，与黄庭坚并称"苏黄"；其词开豪放一派，与辛弃疾同是豪放派代表，并称"苏辛"；其散文著述宏富，豪放自如，与欧阳修并称"欧苏"，为"唐宋八大家"之一；苏轼亦善书，为"宋四家"之一；工于画，尤擅墨竹、怪石、枯木等。

苏轼是北宋时期卓有贡献的词人，他不但力倡以诗为词，改革唐

——让学生遇见美好

五代以来弥漫词坛的淫靡之风，而且在创作实践中，全面继承了前人词作的题材范围，丰富了词作的题材范围，丰富了词作的思想内容，提高了词作的文学地位。

文与可，即文同，字与可，是苏轼好友兼表兄，虽比苏轼大18岁，却性情相近。文与可善画山水，尤擅画竹，是当时墨竹画派的代表人物，创"深墨为面，淡墨为背"的竹叶画法，开创"湖州竹派"。

文与可生前曾以筼筜谷的竹子为题材，作画赠与苏轼，后文与可病逝。苏轼在湖州曝晒书画，看到文与可的这幅遗作，写了这篇题记。

苏轼喜欢竹子，曾诗云：

> 宁可食无肉，不可居无竹。
>
> 无肉令人瘦，无竹令人俗。
>
> 人瘦尚可肥，士俗不可医。
>
> 旁人笑此言，似高还似痴。

若对此君仍大嚼，世间哪有扬州鹤？

居不可无竹，咏竹、画竹、用竹，东坡好竹如此，何哉？竹子代表着超凡脱俗，清新高雅。

东坡写《文与可画筼筜谷偃竹记》的原因是什么？这是本篇文章至关重要的切入点，理解这一点，文章也就一通百通了。

我们可以从文章的最后一段切入，此段交代了写作此文的缘由：睹物思人，怀念文与可。东坡于闲暇时晾晒书画，偶见"偃竹图"，念及已逝近半年的挚友，忆起二人之间与画竹相关的往事，悲从中来，失声痛哭，写成此文，情深意笃，溢于言表。

这是一篇悼念性的文字，而前人评此作"戏笑成文"。这篇散文

雅竹生姿——《文与可画筼筜谷偃竹记》

的主要部分确实颇多诙谐之语，写得妙趣横生，东坡在文中记叙了哪几件二人交往的趣事呢？

竹，经冬不凋，刚直、谦逊、不卑不亢、潇洒处世，常被看作不同流俗的高雅之士的象征。深得竹之韵的文与可虽为一派宗师，却并不想依仗绘画传世，来博取声名，对那些拿着丝绸前来求画的士大夫之徒，他狂放地将缣素弃之于地，且骂曰："吾将以为袜！"颜面扫地的士大夫传扬开来，自以为捉住了文与可的话柄，殊不知成就了文与可淡泊名利、狂放直爽的美名。

苏轼是善于辩论的，在与文与可的书信往来中发挥得淋漓尽致。拟画在一段鹅溪绢上的翠竹成了二人辩论的话题，书信往返之中，借二百五十匹绢和万尺长之竹开起了玩笑。文、苏二人有着同样的豁达、幽默、风趣，更有着相投的志趣、卓越的才华。苏轼认为"世间亦有千寻竹，月落庭空影许长"，意即在想象天地或艺术意境中是存在具有万尺长气势的竹子的，这是艺术创作中神似重于形似的观点。文与可笑将《筼筜谷偃竹图》送与苏轼，且言"此竹数尺耳，而有万尺之势"，进一步证明了苏轼"竹有万尺"的美学观点，又巧妙点题，且自然地交代了《筼筜谷偃竹图》这幅画的由来，更照应了前文的画竹理论。

洋州的筼筜谷，盛产筼筜竹，《史记》载"渭川千亩竹"。苏轼以竹为诗，率直地言道："汉川修竹贱如蓬，斤斧何曾赦箨龙。料得清贫馋太守，渭滨千亩在胸中。"估计才华横溢的苏轼也没有料到，收到信的文与可正与妻子在谷中"烧笋晚食"，读罢诗句"失笑喷饭满案"。而"清贫馋太守"则幽默地称赞了文与可为官清廉、不贪图奢侈享乐的品格。

——让学生遇见美好

全段写得幽默风趣，亲切自然，而就在这些日常生活的琐事中，在这些戏语笑话里，文、苏二人坦率、高雅的胸襟气度，机敏、超卓的智慧才能以及两人的情深意笃尽显，而作者的悲痛之深也就可想而知了。

"胸有成竹"原指画竹子要在心里有一副竹子的形象。苏轼在阐述文与可的绘画理论的时候，先从竹子本身说起，因竹子的节和叶是与生俱来的，画竹时不能机械地一节一节画，一叶一叶描，而应"必先得成竹于胸中"，即先要在头脑中形成竹子的整体形象，融会于心，酝酿成熟后，振笔直书，一挥而就，一气呵成。在此过程中，若有灵感的火花闪现，适时捕捉，不可让它轻易逝去。这种画论主张尊重生活、师法自然，追求整体上的"神似"，反对枝节之间的"形似"。庖丁解牛与轮扁斫轮的典故则告诉我们，有了理论的高度，还要实践探究，才能做到"心手相应"。绘画如此，行文亦如此。

苏轼的伟大在于他心胸的宽广，思想的深邃，他将自己学习文与可绘画理论的心得加以引申、扩展，从绘画联系到社会生活中常见的现象，"平居自视了然，而临事忽焉丧之，岂独竹乎？"认为社会生活中也要重视实践，不断积累经验。这也是苏轼对人生的一种自省与领悟。

这是一篇回忆、悼念亲友的文字，苏轼却在第一段这么重要的位置阐述了相当深奥的绘画理论和自己的独到理解，究其原因，先谈文与可的作画理论，为说明文与可之所以画得好，诸人求画，是因其有着高超的画技理论，而文与可的绘画主张也是自己的文学主张。这也是本文不同于其他人所写的书画记，有自己的独特之处:通篇以画相贯

雅竹生姿——《文与可画筼筜谷偃竹记》

穿，以怀念友情为中心，形散神聚，颇多的诙谐之语，写得妙趣横生，但惟其如此，正可见出苏轼和文与可的"亲厚无间"，而文与可亡故后，睹画思人，悲痛之情借朴素清新之语从苏轼胸中自然流出，毫无滞碍。正如明代王顺俞所言："文至东坡真是不须作文，只随便记录便是文。"

梦系鹿门——《夜归鹿门歌》

孟浩然、王维、陶渊明都是大家熟悉的山水田园诗人，这三人中，我们知道哪个诗人的名句最多呢？

陶渊明："种豆南山下，草盛豆苗稀。晨兴理荒秽，带月荷锄归。""黄发垂髫，并怡然自乐。""善万物之得时，感吾生之行休。""少无适俗韵，性本爱丘山。误落尘网中，一去三十年。羁鸟恋旧林，池鱼思故渊。""采菊东篱下，悠然见南山。""亲戚或余悲。他人亦已歌。死去何所道。托体同山阿。""结庐在人境，而无车马喧。问君何能尔？心远地自偏。"

王维："明月松间照，清泉石上流。""行到水穷处，坐看云起时。""泉声咽危石，日色冷青松。""竹喧归浣女，莲动下渔舟。""背岭花未开，入云树深浅。""漾漾泛菱荇，澄澄映葭苇。""渡头余落日，墟里上孤烟。""复值接舆醉，狂歌五柳前。""倚杖柴门外，临风听暮蝉。""漾漾泛菱荇，澄澄映葭苇。""残雨斜日照，夕岚飞鸟还。"

孟浩然："不才明主弃，多病故人疏。""欲取鸣琴弹，恨不知音赏。""气蒸云梦泽，波撼岳阳城。""白发催年老，青阳逼岁除。""绿树村边合，青山郭外斜。开轩面场圃，把酒话桑麻。""移舟泊烟渚，日暮客愁新。野旷天低树，江清月近人。""春眠不觉晓，处处闻啼鸟。夜来风雨声，花落知多少。""待到重阳日，还来就菊花。"

梦系鹿门——《夜归鹿门歌》

在三人中，学生知道王维的名句最多，陶渊明的也不少，孟浩然的却最少，是否可以得出一个结论：孟浩然一生中的诗作较少，或名句较少？

李白是一个生性豪放不羁之人，也是眼高于顶之人，他与杜甫之间的友谊是不对等的，杜甫写给李白的诗很多，如《冬日怀李白》、《春日忆李白》、《梦李白》、《天末怀李白》、《寄李十二白二十韵》等，而李白写给杜甫的诗却很少。如此高傲之人却写了一首很真挚的诗，古代诗人中很少有人如此直白地表达对人的钦佩和敬仰之情，这就是李白的《赠孟浩然》：

吾爱孟夫子，风流天下闻。

红颜弃轩冕，白首卧松云。

醉月频中圣，迷花不事君。

高山安可仰，徒此揖清芬。

此诗推崇孟浩然风雅潇洒的品格，表达作者的深切敬慕之情。全诗直抒胸臆，情深词显，自然古朴，格调高雅。李白与孟浩然的友谊是诗坛上的一段佳话。二人彼此结识，固然不乏饮酒唱和、携手邀游的乐趣，但是至为重要的，则是在追求情感的和谐一致，是寻求灵性飘逸的同伴和知音。

盛唐诗人中基本上每人都写过赠孟浩然的诗，均自许为孟浩然的好友，为什么盛唐中人人都敬仰孟浩然，都想与之交往？

《夜归鹿门歌》的课下注释有关于孟浩然的介绍，孟浩然40岁时到长安应进士举，失意而归。言外之意是科举失意导致隐居，这是一种误导。

——让学生遇见美好

那么孟浩然是一个什么样的人呢?

孟浩然(689—740年),名浩,字浩然,号孟山人,襄州襄阳(现湖北襄阳)人,世称孟襄阳。因他未曾入仕,又称之为孟山人,是唐代著名的山水田园派诗人。

孟浩然生当盛唐,早年有志用世,在仕途困顿、痛苦失望后,尚能自重,不媚俗世,修道归隐终身,曾隐居鹿门山。40岁时,游长安,应进士举不第。曾在太学赋诗,名动公卿,一座倾服,为之搁笔。开元二十五年张九龄招致幕府,后隐居。孟诗绝大部分为五言短篇,多写山水田园和隐居的逸兴以及羁旅行役的心情。其中虽不无愤世嫉俗之词,而更多属于诗人的自我表现。

孟浩然的诗在艺术上有独特的造诣,故后人把孟浩然与王维并称为"王孟",有《孟浩然集》三卷传世。

以上是我们轻易就能搜到的资料,关于孟浩然的人品,王士源说他:"骨貌淑清、风神散朗。救患释纷、以立义表。灌疏艺竹,以全高尚。"(《孟浩然集序》)王维在绢本上绘制的孟浩然肖像"颀而长,峭而瘦,风仪落落,凛然如生"(《韵语阳秋》引张洎题识)。可见,孟浩然的人品可用风清骨峻四个字来形容。它体现在孟氏诗中,就浇铸出孟浩然的诗品。

淡到看不见诗了,才是真正孟浩然的诗,不,与其说这是孟浩然的诗,倒不如说这是诗的孟浩然,更为准确。诗和人达到完美的融合。诗人的心境是非常悠闲、清静、旷达、淡泊的;诗人的形象是"风神散朗""风仪落落"的。这确是诗如其人、人即其诗了。孟浩然所创造的人入其诗、诗显其人的最高境界就是冲淡。孟浩然的诗已摆脱了初

梦系鹿门——《夜归鹿门歌》

唐诗应制咏物的狭隘境界，更多地抒发了个人怀抱，给开元诗坛带来了新鲜气息，并博得时人的倾慕。孟浩然是唐代第一个创作山水诗的诗人，是王维的先行者。

孟浩然和王维，都推崇冲淡，却各有千秋。胡应麟在《诗薮》中说："浩然清而旷，王维清而秀。"可见，王、孟虽同样具有冲淡中"清"的特点，王维偏重"秀"字，孟浩然偏重一个"旷"字。

孟浩然追寻先贤的足迹归隐鹿门山，那人就是庞公。庞公，指东汉庞德公，生于东汉末年的乱世，诸葛亮以师礼对之。隐居鹿门山而终，这又是一个怎样的故事？

在古代，"采药不返"常用来形容隐士，这一典故便始于庞德公。

《后汉书·庞公传》记载，东汉末年，天下大乱，荆州刺史刘表多次请庞德公出山，劝说他"保全一身"，不如"保全天下"。

庞德公说："鸿鹄巢于高林之上，暮而得所栖；鼋鼍穴于深渊之下，夕而得所宿。夫趣舍行止，亦人之巢穴也。且各得其栖宿而已，天下非所保也。"他用形象的比喻，来说明人各有志，拒绝了刘表的邀请，从而"携其妻子登鹿门山"，采药不返。

从中可以看到庞公内心对淡泊宁静的追求，而生于乱世求安全，这是他归隐的原因。

谈隐逸，又怎能避开陶渊明。陶潜因为众所周知的原因，远离官场，归隐田园。于"采菊东篱下，悠然见南山"的恬淡生活中似乎忘记了自己大济苍生的猛志。可是只要一读他的《咏荆轲》等诗篇，便依然可以感受到诗人并不悠然的内心。然而东晋末年，政治腐败，官场污浊，陶渊明似乎只能做这样的选择。陶渊明正如东篱幽菊，傲然绽放在历史的南山下!

还有王维,这位孟浩然的好友,晚年过着半官半隐的生活。王维的选择出自不得已的苦衷。早年意气风发,又仕途通达,本该做一番轰轰烈烈的大事,立功又立言;可是安史之乱爆发,击碎了他的生活。长安陷落,迫任伪职;叛乱平定,朝廷对罪臣既往不咎,官还照作,可是诗人原本锐意进取的壮志却也随这场动乱烟消云散。谈禅说理,写诗作画,成了他在辋川别墅的主要生活内容。王维的归隐多少带着幽幽的苦涩,像他笔下的清泉,在松林间、山石旁呜咽着流过!

孟浩然的隐居却与人不同。闻一多《孟浩然》一文中这样说:"隐居本是那时代普遍的倾向,但在旁人仅仅是一个期望,至多也只是点暂时的调剂,或过期的赔偿,在孟浩然却是一个完完整整的事实。在构成这事实的复杂因素中家乡的历史地理背景,或许是很重要的一点。"接着又说:"正如当时许多有隐士倾向的读书人,孟浩然原来是为隐居而隐居,为了一个浪漫的理想,为着对古人的一个神圣的默契而隐居。"的确,在一个政治昌隆的时代,建功立业会成为那一时代的主旋律,孟浩然也不能无动于衷,不过多少是受世风影响,而非出于由衷的渴望。不然,荆州刺史韩朝宗约他进京,为他求仕,他又怎会耽于饮酒而令韩公生气,以致求仕之路遂绝呢?

孟浩然性爱山水,喜泛舟,"我家南渡头,惯习野人舟",正是适应了这性情。从涧南园到鹿门山,有近二十里的水程;从鹿门山到襄阳城,有三十里的水程,泛舟往返非常便利。也许是东汉初年的习郁,修鹿门庙、建习家池给了他启示。光武帝封习郁为侯,其封邑在今宜城。习家池则是习郁的私家园林,也就是"别墅"。习郁爱山水,而这

梦系鹿门——《夜归鹿门歌》

三地联结，就构成了一条非常理想的游山玩水的路线。从宜城出发，泛舟汉水到鹿门山麓，"结缆事攀践"，到鹿门庙祭祀神灵，欣赏山林景色。然后，下山登舟，经鱼梁洲到凤林山下，舍舟登岸至习家池别墅。从习家池回宜城可以泛舟，也可以沿着冠盖里骑马、乘车。习郁就是在这条线路上，享受着"光武中兴"带来的和平安宁的生活。而孟浩然则在这如画的山水间，领略着盛唐时代的田园牧歌般的乐趣。

　　孟浩然的一生，徘徊于求官与归隐的矛盾之中。生于盛唐的开元盛世，每个人都希望自己竭尽全力，有所作为，孟浩然也不例外，他写给张九龄的干谒诗《洞庭湖赠张丞相》最能体现他的这种心理。"八月湖水平，涵虚混太清。气蒸云梦泽，波撼岳阳城。欲济无舟楫，端居耻圣明。坐观垂钓者，徒有羡鱼情。"孟浩然想进入政界，实现自己的理想，希望有人能给予引荐。他在入京应试之前写这首诗给张九龄就含有这层意思。唐开元十六年（728年），初春，在长安作《长安早春》一诗，抒发渴望及第的心情，当年孟浩然三十九岁，然而，科举不中。应进士举不第后，孟浩然仍留在长安献赋以求赏识，曾在太学赋诗，名动公卿，一座倾服，为之搁笔。他和王维交谊甚笃。传说王维曾私邀入内署，适逢玄宗至，浩然惊避床下。王维不敢隐瞒，据实奏闻，玄宗命出见。浩然自诵其诗，至"不才明主弃"之句，玄宗不悦，说："卿不求仕，而朕未尝弃卿，奈何诬我！"放归襄阳。唐开元二十二年（734年），孟浩然第二次前往长安求仕，不仕，当年浩然回襄阳。韩朝宗为襄州刺史，约孟浩然一同到长安，为他延誉。但他不慕荣名，至期竟失约不赴，终于无成。开元二十五年，张九龄为荆州长史，招致幕府。不久，仍返故居。孟浩然有无数次的做官机会，却都擦肩而过，是无心，抑或有意？

孟浩然有当官的心思，但这种思想一闪而过，不占主流思想。他一生没有做过官，无一官半职，一生布衣诗人，这是他的独特之处。归隐的思想却是他的先天气质，天生内心对隐居生活的向往、喜爱，而非经历波折、痛苦后的醒悟。他的诗数量少，少有李白、杜甫那种惊天地、泣鬼神的惊世之作，这与他人生不够丰富、波折不多有关。因为诗歌是痛苦的产物，没有在长夜痛哭的人是不足以谈人生的。另外，李白的思想总是儒道两派出世、入世思想交错，是选择道家的仙风道骨还是儒家建功立业的理想，挣扎多，痛苦多，诗作自然也多。而孟浩然的一生经历比较简单，生活较为平淡，"子瞻谓浩然之诗，韵高而才短，如造内法酒手而无材料尔"。就是苏轼对他的评价。孟浩然的诗一大特点就是"淡"，如同口语，如同农人的絮絮话语。

如《过故人庄》：

> 故人具鸡黍，邀我至田家。
>
> 绿树村边合，青山郭外斜。
>
> 开轩面场圃，把酒话桑麻。
>
> 待到重阳日，还来就菊花。

作者以亲切简净的语言，如话家常的形式，写了从往访到告别的过程。其写田园景物清新恬静，写朋友情谊真挚深厚，写田家生活简朴亲切。全诗描绘了美丽的山村风光和平静的田园生活，用语平淡无奇，叙事自然流畅，没有渲染的雕琢的痕迹，然而感情真挚，诗意醇厚，有"清水出芙蓉，天然去雕饰"的美学情趣，从而成为自唐代以来田园诗中的佳作。房日晰先生在《略谈孟浩然诗风的清与淡》一文

梦系鹿门——《夜归鹿门歌》

中指出:"纵观孟诗,其诗风之淡,大致有三:一为思想感情的淡,没有激切的情绪的流露;二为诗意表现的淡,没有浓烈的诗意的展示;三为语言色彩的淡,没有绚丽色彩的描绘。

《夜归鹿门歌》题目交代了时间、地点、事件,即诗人在这天的晚上回到了鹿门山的别业,汉末著名隐士庞德公,因拒绝征辟,家隐居鹿门山,从此鹿门山就成了隐逸圣地。孟浩然早先一直隐居于汉江西岸岘山南园的家里,四十岁赴长安谋仕不遇,游历吴、越数年后返乡,决心追步先贤庞德公的行迹,在鹿门山辟一住处,有时也去住。这首诗就是写他"夜归鹿门"的情景。这首诗虽有纪实之意,而主旨却在标明这首诗是歌咏归隐的情怀志趣。"歌"则是古乐府诗的一种体裁。

诗歌到底写了什么?

学生齐读、同桌互译、教师释疑。

"山寺钟鸣昼已昏,渔梁渡头争渡喧。"

山寺里的钟声响起,天色已近黄昏,渔梁渡口一片争渡的喧哗声。

"人随沙岸向江村,余亦乘舟归鹿门。"

行人沿着沙岸向江村走去,我也乘着小舟返回鹿门。

"鹿门月照开烟树,忽到庞公栖隐处。"

鹿门山的月亮照亮轻烟缭绕的树木,我忽然来到庞公隐居的地方。

"岩扉松径长寂寥,惟有幽人自来去。"

石门对着松林长径多寂寥,只有我这个隐居者独自来来去去。

在知人论世的基础之上，清除了理解诗歌的障碍，就可以对诗歌进行探究研读。

诗歌的前四句运用了哪些艺术手法？

由远及近的角度变化。写了诗人傍晚江行见闻：白昼已尽，黄昏降临，幽僻的古寺传来了报时的钟声，沔水口附近的渔梁渡头人们急于归家时抢渡的喧闹不绝于耳，村人各自上岸还家，而诗人自己回到鹿门。不同的归途，不同的心境，隐逸自得之志趣流露。

视听结合。喧闹的渡头，匆匆归家的人们，温馨的世俗生活画面。黄昏时分，天色渐渐暗淡，悠远的钟声从山深之处传来，那山寺的僻静超越了人世的幽静，正是我寻求的地方。

对比。其一是渡头和山寺之比。傍晚时分，天已昏黄，安静了一天的渔梁渡头被嘈杂的人声充满，此时传来的钟声越发显得悠然、深沉。渡头是俗人出入的地方，它的喧闹显现了世俗的喧扰，热闹而亲切；山寺是僧人修身的地方，必居于远离人烟之所，钟声虽缓慢而沉滞，却给人以幽静之感，显示山寺的僻静。两处环境的对比，突显出世俗生活的匆忙、繁复，山寺生活的清净、悠闲，而诗人钟情于何处，则不言而喻。其二是江村与鹿门山的对比。傍晚返家的人们各自上岸，沿着沙岸走向的江村，代表的是世俗之地，而有着"岩扉松径"的幽景，只有我"自来"的鹿门山则是隐逸的圣地。一喧闹，一寂寥，突显出隐居处的宁静、自然，诗人的怡然自得。而诗人与众人背向所行，从"争渡喧"的渔梁渡头去向"山寺钟鸣"的鹿门，两种归途的比较，就是诗人从世俗走向隐逸的心灵之路，表现诗人与世无争的隐逸志趣，不慕名利的淡泊情怀。

梦系鹿门——《夜归鹿门歌》

后四句运用了一些什么样的意象？描绘了一幅什么样的画面？诗人描绘这样一幅画面，要表达什么感情？

明月、烟树、岩扉、松径，营造了一个非常清幽、朦胧的自然环境，这正是最佳的隐居之所，是最符合诗人内心需要的隐居地。虽有些寂寥，却不是寂寞，是无人打扰的清幽、安静，孤独一人，与尘世隔绝，与山林作伴，隐逸生活的妙趣和真谛自在其中。这里所说的"幽人"是隐居者，既指庞德公，也是诗人自指，为何不直接说是"孟浩然"，盖因孟浩然住在鹿门山，追求内心的宁静，又是与先贤的内心约定，只有这样的人才能如此。

整首诗所写从日落黄昏到月悬夜空，从汉江舟行到鹿门山突，从尘杂世俗到寂寥自然的归隐，从中可以看到孟浩然对隐逸生活的喜爱。他的诗中无一丝的烟火气，作为一位布衣诗人，自然平淡至极。这一点与陶渊明不同，陶渊明喜欢脚踏实地，有烟火气息的田园生活，不喜深山老林，是一位纯粹的农民诗人。而孟浩然在用他那独到的"淡到极其口语化"的语言在与我们"谈心"，这就是孟浩然。

附：闻一多《孟浩然》

当年孙润夫家所藏王维画的孟浩然像，据《韵语阳秋》的作者葛立方说，是个很不高明的摹本，连所附的王维自己和陆羽、张洎等三篇题识，据他看，也是一手摹出的。葛氏的鉴定大概是对的，但他并没有否认那"俗工"所据的底本——即张洎亲眼见到的孟浩然像，确是王维的真迹。这幅画，据张洎的题识说，虽轴尘缣古，尚可窥览。

观右丞笔迹，穷极神妙。襄阳之状颀而长，峭而瘦，衣白袍，靴帽重戴，乘款段马———一童总角，提书笈负琴而从——风仪落落，凛然如生。

这在今天，差不多不用证明，就可以相信是逼真的孟浩然。并不是说我们知道浩然多病，就可以断定他当瘦。实在经验告诉我们，什九人是当如其诗的。你在孟浩然诗中所意识到的诗人那身影，能不是"颀而长，峭而瘦"的吗？连那件白袍，恐怕都是天造地设，丝毫不可移动的成分。白袍靴帽固然是"布衣"孟浩然分内的装束，尤其是诗人孟浩然必然的扮相。编《孟浩然集》的王士源应是和浩然很熟的人，不错，他在序文里用来开始介绍这位诗人的"骨貌淑清，风神散朗"八字，与夫陶翰《送孟六入蜀序》所谓"精朗奇素"，无一不与画像的精神相合，也无一不与孟浩然的诗境一致。总之，诗如其人，或人就是诗，再没有比孟浩然更具体的例证了。

张祜曾有过"襄阳属浩然"之句，我们却要说：浩然也属于襄阳。也许正惟浩然是属于襄阳的，所以襄阳也属于他。大半辈子岁月在这里度过，大多数诗章是在这地方、因这地方、为这地方而写的。没有第二个襄阳人比孟浩然更忠于襄阳，更爱襄阳的。晚年漫游南北，看过多少名胜，到头还是"山水观形胜，襄阳美会稽"。实在襄阳的人杰地灵，恐怕比它的山水形胜更值得人赞美。从汉阴丈人到庞德公，多少令人神往的风流人物，我们简直不能想象一部《襄阳耆旧传》，对于少年的孟浩然是何等深厚的一个影响。了解了这一层，我们才可以认识孟浩然的人，孟浩然的诗。

隐居本是那时代普遍的倾向，但在旁人仅仅是一个期望，至多也

梦系鹿门——《夜归鹿门歌》

只是点暂时的调济，或过期的赔偿，在孟浩然却是一个完完整整的事实。在构成这事实的复杂因素中，家乡的历史地理背景，我想，是很重要的一点。

在一个乱世，例如庞德公的时代，对于某种特别性格的人，人山采药，一去不返，本是唯一的出路。但生在"开元全盛日"的孟浩然，有那必要吗？然则为什么三番两次朋友伸过援引的手来，都被拒绝，甚至最后和本州岛采访使韩朝宗约好了一同入京，到头还是喝得酩酊大醉，让韩公等烦了，一赌气独自先走了呢？正如当时许多有隐士倾向的读书人，孟浩然原来是为隐居而隐居，为着一个浪漫的理想，为着对古人的一个神圣的默契而隐居。在他这回，无疑的那成为默契的对象便是庞德公。孟浩然当然不能为韩朝宗背弃庞公。鹿门山不许他，他自己家园所在，也就是"庞公栖隐处"的鹿门山，决不许他那样做。

鹿门月照开烟树，忽到庞公栖隐处。

岩扉松径长寂寥，惟有幽人自来去。

这幽人究竟是谁？庞公的精灵，还是诗人自己？恐怕那时他自己也分辨不出，因为心理上他早与那位先贤同体化了。历史的庞德公给了他启示，地理的鹿门山给了他方便，这两项重要条件具备了，隐居的事实便容易完成得多了。实在，鹿门山的家园早已使隐居成为既成事实，只要念头一转，承认自己是庞公的继承人，此身便俨然是《高士传》中的人物了。总之，是襄阳的历史地理环境促成孟浩然一生老于布衣的。孟浩然毕竟是襄阳的孟浩然。

我们似乎为奖励人性中的矛盾，以保证生活的丰富，几千年来一直让儒道两派思想维持着均势，于是读书人便永远在一种心灵的僵局中折磨自己，巢由与伊皋，江湖与魏阙，永远矛盾着，冲突着，于是生活便永远不谐调，而文艺也便永远不缺少题材。矛盾是常态，愈矛盾则愈常态。今天是伊皋，明天是巢由，后天又是伊皋，这是行为的矛盾。当巢由时向往着伊皋，当了伊皋，又不能忘怀于巢由，这是行为与感情间的矛盾。在这双重矛盾的夹缠中打转，是当时一般的现象。反正用诗一发泄，任何矛盾都注销了。诗是唐人排解感情纠葛的特效剂，说不定他们正因有诗作保障，才敢于放心大胆的制造矛盾，因而那时代的矛盾人格才特别多。自然，反过来说，矛盾愈深愈多，诗的产量也愈大了。孟浩然一生没有功名，除在张九龄的荆州幕中当过一度清客外，也没有半个官职，自然不会发生第一项矛盾问题。但这似乎就是他的一贯性的最高限度。因为虽然身在江湖，他的心并没有完全忘记魏阙。下面不过是许多显明例证中之一：

欲济无舟楫，端居耻圣明。坐观垂钓者，徒有羡鱼情。

然而"羡鱼"毕竟是人情所难免的，能始终仅仅"临渊羡鱼"，而并不"退而结网"，实在已经是难得的一贯了。听李白这番热情的赞叹，便知道孟浩然超出他的时代多么远：

吾爱孟夫子，风流天下闻。红颜弃轩冕，白首卧松云。

醉月频中圣，迷花不事君。高山安可仰，徒此揖清芬。

可是我们不要忘记矛盾与诗的因果关系，许多诗是为给生活的矛盾求统一，求调和而产生的。孟浩然既免除了一部分矛盾，对于他，诗的需要便当减少了。果然，他的诗是不多，量不多，质也不多。量不多，有他的同时人作见证，杜甫讲过的："吾怜孟浩然……赋诗虽不多，往往凌鲍谢。"质不多，前人似乎也早已见到。苏轼曾经批评他

梦系鹿门——《夜归鹿门歌》

"韵高而才短，如造内法酒手，而无材料。"这话诚如张戒在《岁寒堂诗话》里所承认的，是说尽了孟浩然，但也要看才字如何解释。才如果是指才情与才学二者而言，那就对了，如果专指才学，还算没有说尽。情当然比学重要得多。说一个人的诗缺少情的深度和厚度，等于说他的诗的质不够高。孟浩然诗中质高的有是有些，数量总是太少。"气蒸云梦泽，波撼岳阳城"式的和"微云淡河汉，疏雨滴梧桐"式的句子，在集中几乎都找不出第二个例子。论前者，质和量当然都不如杜甫，论后者，至少在量上不如王维。甚至"不材明主弃，多病故人疏"，质量都不如刘长卿和十才子。这些都不是真正的孟浩然。真孟浩然不是将诗紧紧地筑在一联或一句里，而是将它冲淡了，平均地分散在全篇中：

> 出谷未停午，到家日已曛。回瞻下山路，但见牛羊群。

> 樵子暗相失，草虫寒不闻。衡门犹未掩，伫立望夫君。

> 甚至淡到令你疑心到底有诗没有。

> 垂钓坐盘石，水清心亦闲。鱼行潭树下，猿挂鸟藤间。

> 游女昔解佩，传闻于此山。求之不可得，沼月棹歌还。

淡到看不见诗了，才是真正孟浩然的诗，不，说是孟浩然的诗，倒不如说是诗的孟浩然，更为准确。在许多旁人，诗是人的精华，在孟浩然，诗纵非人的糟粕，也是人的剩余。在最后这首诗里，孟浩然几曾做过诗？他只是谈话而已。甚至要紧的还不是那些话，而是谈话人的那副"风神散朗"的姿态。读到"求之不可得，沼月棹歌还"，我们得到一如张洎从画像所得到的印象，"风仪落落，凛然如生"。得到了像，便可以忘言，得到了"诗的孟浩然"便可以忘掉"孟浩然的诗"

——让学生遇见美好

了。这是我们前面所提到的"诗如其人"或"人就是诗"的另一解释。

超过了诗也好，够不上诗也好，任凭你从环子的哪一点看起。反正除了孟浩然，古今并没有第二个诗人到过这境界。东坡说他没有才，东坡自己的毛病，就在才太多。

庄子笑曰："周将处乎材与不材之间。材与不材之间，似之而非也，故未免乎累。"

谁能了解庄子的道理，就能了解孟浩然的诗，当然也得承认那点"累"。至于"似之而非"，而又能"免乎累"，那除陶渊明，还有谁呢?

诗画辋川——《积雨辋川庄作》

对比阅读《夜归鹿门歌》《积雨辋川庄作》，直观上有何不同？感觉有何不同？

孟浩然的诗：淡如水。

王维的诗：浓如画，画面感极强，雅致。

苏轼曾说："味摩诘之诗，诗中有画，观摩诘之画，画中有诗"（《东坡志林》）。

王维诗歌的特点与其身世经历有关。

王维，河东蒲州（今山西运城）人，祖籍山西祁县。唐朝著名诗人、画家，字摩诘，号摩诘居士。王维出身名门，祖上为河东王氏，山西王家是士族大户、贵族世家，显赫的家世造就了王维丰神如玉、才气逼人的相貌与气质。他于开元十九年（731年）状元及第。历官右拾遗、监察御史、河西节度使判官。唐玄宗天宝年间，王维拜吏部郎中、给事中。安禄山攻陷长安时，王维被迫受伪职。长安收复后，被责授太子中允。唐肃宗乾元年间任尚书右丞，故世称"王右丞"。

即使是盛唐时期，要寻找到一位完美型的诗人是很难的。世有"李白是天才，杜甫是地才，王维是人才"之说，而王维也的的确确是多才多艺，堪称艺术上的奇才。王维参禅悟理，学庄信道，精通诗、书、画、音乐等，以诗名盛于开元、天宝间，尤长五言，多咏山水田园，与孟浩然合称"王孟",有"诗佛"之称。书画特臻其妙,后人推其为南宗山水画之祖。

王维的诗如画卷一般,美不胜收。他绘影绘形,有写意传神、形神兼备之妙。王维以清新淡远,自然脱俗的风格,创造出一种"诗中有画,画中有诗""诗中有禅"的意境,在诗坛树起了一面不倒的旗帜。

王维多才多艺,他把绘画的精髓带进诗歌的天地,以灵性的语言,生花的妙笔为我们描绘出一幅幅或浪漫,或空灵,或淡远的传神之作。他的山水诗善于着色取势,如"漠漠水田飞白鹭,阴阴夏木啭黄鹂"(《积雨辋川庄作》),"雨中草色绿堪染,水上桃花红欲燃"(《辋川别业》),"白水明田外,碧峰出山后"(《新晴野望》)。王维的山水诗善于结构画面,使其层次丰富,远近相宜,乃至动静相兼,声色俱佳,更多一层动感和音乐美,如"松含风里声,花对池中影"(《林园即事寄舍弟》),"万壑树参天,千山响杜鹃。山中一夜雨,树杪百重泉"(《送梓州李使君》),"郡邑浮前浦,波澜动远空"(《汉江临眺》),"草间蛩响临秋急,山里蝉声落暮悲"(《早秋山中作》)。又如《山居秋暝》:"空山新雨后,天气晚来秋。明月松间照,清泉石上流。竹喧归浣女,莲动下渔舟。随意春芳歇,王孙自可留。"有远景近景,仰视俯视,冷色暖色,人声水声,把绘画美、音乐美与诗歌美充分地结合起来。王诗的画境,具有清淡静谧的人性特征。如《竹里馆》:"独坐幽篁里,弹琴复长啸,深林人不知,明月来相照。"幽静的竹林,皎洁的月光,让诗人不禁豪气大发,仰天长啸,一吐胸中郁闷。而千思万绪,竟只有明月相知。神韵的淡远,是王维诗中画境的灵魂。《鹿柴》云:"空山不见人,但闻人语响,返景入深林,复照青苔上。"诗中着意描写了作者独

诗画辋川——《积雨辋川庄作》

处于空山深林，看到一束夕阳的斜晖，透过密林的空隙，洒在林中的青苔上，在博大纷繁的自然景物中，诗人捕捉到最引人入胜的一瞬间，有简淡的笔墨，细致入微地给出一幅寂静幽清的画卷，意趣悠远，令人神往。

王维的诗情景交融，浑然天成。王维山水诗写景如画，在写景的同时，不少诗作也饱含浓情。王维的很多山水诗充满了浓厚的乡土气息和生活情趣，表现自己的闲适生活和恬静心情。如《田园乐七首》其六曰："桃红复含宿雨，柳绿更带朝烟。花落家僮未扫，莺啼山客犹眠。"《辋川闲居赠裴秀才迪》曰："寒山转苍翠，秋水日潺湲。倚杖柴门外，临风听暮蝉。渡头余落日，墟里上孤烟。复值接舆醉，狂歌五柳前。"在优美的景色和浓厚的田园气氛中抒发自己冲淡闲散的心情。还有如《渭川田家》："斜光照墟落，穷巷牛羊归。野老念牧童，倚杖候荆扉。雉雊麦苗秀，蚕眠桑叶稀。田夫荷锄至，相见语依依。即此羡闲逸，怅然吟《式微》。"从细微处入笔，捕捉典型情节，抒发无限深情。

王维具有多种才艺，不同艺术相互渗透对其诗歌产生了深刻的影响。他以画入诗，使其山水诗形成了富有诗情画意的基本特征。

以思想内容而言，王维诗远不能与李、杜相提并论；而在艺术方面，王维确有其独特的成就与贡献。唐刘长卿、大历十才子以至姚合、贾岛等人的诗歌，都在不同程度上受到王维影响。直到清代，王士祯标举神韵，实际上也以其诗为宗尚。

不仅苏轼曾赞颂过王维的诗作，同一时期的殷璠也在其著作《河岳英灵集》中评价王维之诗："在泉成珠，著壁成绘。"

——让学生遇见美好

王维不但有卓越的文学才能，而且是出色的画家。深湛的艺术修养，对于自然的爱好和长期山林生活的经历，使他对自然美具有敏锐独特而细致入微的感受，因而他笔下的山水景物特别富有神韵，常常是略事渲染，便表现出深长悠远的意境，耐人玩味。他的诗取景状物，极有画意，色彩映衬鲜明而优美，写景动静结合，尤善于细致地表现自然界的光色和音响变化。例如"声喧乱石中，色静深松里"（《青溪》）、"泉声咽危石，日色冷青松"（《过香积寺》）以及《鸟鸣涧》《鹿柴》《木兰柴》等诗，都是体物入微之作。并著有绘画理论著作《山水论》《山水诀》。钱钟书称他为"盛唐画坛第一把交椅"。

王维不仅是出色的画家，并且精通音律。十五岁时去京城应试，由于他能写一手好诗，工于书画，而且还有音乐天赋，所以少年王维一至京城便立即成为京城王公贵族的宠儿。有关他在音乐上的天赋，《唐国史补》曾有这样一段故事：一次，一个人弄到一幅奏乐图，但不知为何题名。王维见后回答说："这是《霓裳羽衣曲》的第三叠第一拍。"请来乐师演奏，果然分毫不差。

后人亦称王维为诗佛，仅仅是因为字摩诘，号摩诘居士吗？王维早年即是一个虔诚的佛教信徒，连他的名和字摩诘都昭示了他与佛教的契合紧密，晚年更是奉佛长斋，衣不文采，居蓝田别墅，与道友裴迪往来，"弹琴赋诗，傲啸终日"，王维的禅心可以从他的许多诗中得到明证，如"清浅白石滩，绿蒲尚堪把，家住水东西，浣纱明月下"。王诗的禅理佛趣可以说是俯拾皆是，触目菩提。王维又有很多诗清冷幽邃，远离尘世，无一点人间烟气，充满禅意，山水意境已超出一般平淡自然的美学含义，而进入一种宗教的境界，这正是王维佛学修养

诗画辋川——《积雨辋川庄作》

的必然体现。有些诗尚有踪迹可求，如《过香积寺》云："不知香积寺，数里入云峰。薄暮空潭曲，安禅制毒龙。"有些诗显得更空灵，不用禅语，时得禅理。有如羚羊挂角，无迹可求。如"行到水穷处，坐看云起时。偶然值林叟，谈笑无还期。"(《终南别业》)"松风吹解带，山月照弹琴。君问穷通理，渔歌入浦深。"(《酬张少府》)充满一派亲近自然、身与物化、随缘任运的禅机。

　　王维诗中的禅意，集中体现为空与寂的境界——在人世间难以找到好境界，便寄托于空山寂林。"空山不见人，但闻人语响。返景入深林，复照青苔上。"(《鹿柴》)诗中所写的完全是一种空明寂静的意境：空山里静寂无人，只能听到人语的回响，那回响仿佛来自天边。林深幽暗，一抹残阳透过密林射在青苔上，这点亮色使深林与青苔的幽暗愈发深重，更衬托出空山的寂静之深。这正是王维所追求的那种远离尘嚣、空而又寂的境界。再如"人闲桂花落，夜静春山空。月出惊山鸟，时鸣春涧中。"(《鸟鸣涧》)是写空山静夜，令人读之身世两忘，万念皆寂。诗以动态衬静态，"空"并不是空无一物，"静"也不是死寂无声。桂花轻轻飞落，山鸟鸣声婉转，更显出春涧的幽深。这是灵动的气氛，传出了不着一物的空静心境，似乎寓托了诗人对佛教寂灭思想的信仰。落花啼鸟，人事纷纭，在王维看来都是空虚。这首诗艺术地表现了"不悲生死，不永寂灭"的"无生"禅理。一切都是寂静无为的，虚幻无常，没有目的，没有意识，没有生的喜悦，没有死的悲哀，但一切又都是不朽的，永恒的，还像胡应麟《诗薮》和姚周星《唐诗快》所评：使人"读之身世两忘，万念皆寂，不谓声律之中，有此妙诠"。可以说，此称谓不仅是言王维诗歌中的佛教意味和王维的宗教倾向，更表达了后人对王维在唐朝诗坛崇高地位的肯定。

王维不仅在诗、画、音乐上极有造诣，被公认为诗佛，还善书法，篆的一手好刻印，是少有的全才。

通过《积雨辋川庄作》的学习，我和学生共同来领略王维诗中"诗中有画，画中有诗"的特点。

读，齐读，同桌互译。

中国山水田园诗人的代表首推陶渊明、孟浩然、王维，三人的不同之处用一个字概括：陶渊明，淳，"一语天然万古新，繁花落尽见真纯"；孟浩然，淡，"淡如流水"，闲话家常；王维，雅，清新雅致，画面感极强。

全诗四联八句，每联侧重写什么？

前四句写山村田园景色；后四句抒写幽居山林的生活乐趣。分别为：农人生活，自然景色，诗人生活，用典感悟。

首联写田家生活。

先写空林烟火，一个"迟"字，不仅把阴雨天的炊烟写得十分真切传神，而且透露了诗人闲散安逸的佛家心境；再写农家早炊、饷田以至田头野餐，展现一系列人物的活动画面，秩序井然而富有生活气息，农妇田夫那怡然自乐的心情跃然纸上。

首联中哪个字用得特别好，为什么？

"迟"字用得最好，在诗中是"迟缓"之意。久雨不停，丛林上面静谧宁和，炊烟袅袅升起。诗人视野所及，先写空林烟火，一个"迟"字，既写出了阴雨天久，林野湿润，故炊烟缓缓升起之状，也写出了诗人心中闲散安逸的情怀。再写农家早炊、饷田以至田头野餐，展现

诗画辋川——《积雨辋川庄作》

一系列人物的活动画面，秩序井然而富有生活气息，农家村妇田夫怡然自得之情跃然纸上。可以引导学生联想王维其他诗中的"烟"，如"大漠孤烟直，长河落日圆"中的"烟"，因在无风、广袤的大漠之中，远望，其笔直上升，有雄浑、峭拔之势。

王维写诗喜欢用一个字——"空"，如：

空山新雨后，天气晚来秋。——《山居秋暝》

人闲桂花落，夜静春山空。——《鸟鸣涧》

空山不见人，但闻人语响。——《鹿柴》

积雨空林烟火迟，蒸藜炊黍饷东菑。——《积雨辋川庄作 》

独坐悲双鬓，空堂欲二更。——《秋夜独坐（一作冬夜书怀)》

如何理解这个字呢？

"空"字，有岑寂、幽深之意，可以呈现环境的空旷、静谧之感，但更多的时候流露出的是作者内心的寂静、平静、幽静。

颔联写自然景色。

同样是诗人静观所得，诗人只选了形态和习性迥然不同的黄鹂、白鹭，联系着它们各自的背景加以描绘，一取动态，一取声音；两种景象，动静结合，互相映衬，互相配合，把积雨天气的辋川山野写得画意盎然。所谓"诗中有画"，这便是很好的例证。

品读这首诗，人们更多的是喜欢颔联，认为这一联诗的画面感强。那作者是如何打造了这样一幅田园风光图？

叠词的运用。"漠漠"形容水田广布，视野苍茫，广漠无际；"阴阴"描述夏天的树木茂密、幽深。叠词不仅增强了诗歌的韵律感，朗朗上口，富有音乐美，还使描绘的自然景色形象生动，具有绘画美。

——让学生遇见美好

视听结合。白鹭和黄鹂，在视觉上形成色彩浓淡的差异；白鹭飞行，黄鹂鸣啭，一取动态，一取声音。两种景物，互相映衬，互相配合，把积雨天气的辋川山野写得画意盎然。多角度表现大自然美景清新美好，充满生机。

色彩渲染。绿色的水田，广漠无际，迷濛中，白鹭翩翩飞过；盛夏时，在深绿色的树木的幽深处，黄鹂在婉转的鸣叫。浅绿、深绿、洁白、鲜黄几种色彩交织在一起，画面感强。虽是作诗，却以画家的视角观察事物，把画面表现在诗歌中，这就是所谓的"诗中有画"。

颈联写闲适恬静的禅寂生活。

诗人独处空山之中，清斋素食。这情调，在世俗人看来，未免过分孤寂寡淡了。然而早已厌倦尘世喧嚣的诗人，却从中领略到极大的兴味，比起那纷纷扰扰、尔虞我诈的名利场，何啻天壤云泥之差别。充满了闲情逸致。

颈联诗中描绘了诗人过着怎样的生活？

诗人独处空山之中，幽栖松林之下，每日到山中观看木槿感悟人生短暂，采露葵以食来修养身心。这种生活与陶渊明那种"种豆南山下，草盛豆苗稀。晨兴理荒秽，带月荷锄归"的"日出而作，日入而息"的纯粹的农民生活不同，此为贵族式的追求心中宁静的田园山林生活。同为田园诗人，而风格不同，或许就源于这不同的生活吧。

尾联写诗人淡泊名利的旷达心境。

诗人自谓是野老，运用了两个充满老庄色彩的典故，抒写自己淡泊自然的心境：一是《庄子杂篇寓言》的杨朱，前往老子处学道，路上旅舍主人欢迎他，客人都给他让座；学成归来，旅客们却不再让座，而

诗画辋川——《积雨辋川庄作》

与他"争席"，说明杨朱已得自然之道，与人们没有隔膜了。二是《列子黄帝篇》的典故：海上有人与鸥鸟相亲近，互不猜疑。一天，父亲要他把海鸥捉回家来，他又到海滨时，海鸥便飞得远远的，心术不正破坏了他和海鸥的亲密关系。这两个充满老庄色彩的典故，一正用，一反用，两相结合，抒写诗人淡泊名利的旷达心境。

这首诗带着淡雅、宁静、幽寂，带着一点孤独，更多的是诗人洋溢着的惬意。

附：高考王维诗鉴赏及答案

（2016年天津卷高考题）

登裴秀才迪小台

【唐】王维

端居不出户，满目望云山。

落日鸟边下，秋原人外闲。

遥知远林际，不见此檐间。

好客多乘月，应门莫上关。

（选自《全唐诗》）

（1）"满目望云山"句中"望"字一作"空"，你认为这两个字用哪个更好？请说明理由。（2分）

（2）请结合诗句说明颔联采用了哪些表现手法。（3分）

（3）你如何理解诗中的"闲"字？（3分）

【答案】

(1)"望"字更好,承上启下,照应标题中的"登",同时引起下文所见之景。(答"空"字说明理由也可给分)

(2)借景抒情,借幽静之景抒发闲适之情,动静结合,前句动静、后句静景,构成一幅动静结合的画面。映衬,落日、鸟和人相互映衬,表达现实之情。

(3)"闲"既是环境的"宁静"之境,又是一种"闲适"之情,"人外"应是"世外"之意,"闲"勾勒出"小台"的"宁静"景物特征,也表达了诗人远离世间的喧嚣的"闲适"之情。

(2017年北京卷高考题)

晓行巴峡

王 维

际晓投巴峡,馀春忆帝京。

晴江一女浣,朝日众鸡鸣。

水国舟中市,山桥树杪【1】行。登高万井出,眺迥二流明。

人作殊方语,莺为故国声。赖多山水趣,稍解别离情。

注释:【1】树杪:树梢。

1.下列对本诗的理解,不正确的一项是( )(3分)

A.巴峡乡邑旭日东升,众鸡鸣唱,晴朗的江边一个女子在浣洗。

B.水国乡民在舟中行商,山上有桥,行人走在桥上,如在书树颠。

诗画辋川——《积雨辋川庄作》

C.诗人登高远眺，万亩良田，井然有序，二水流过，分外澄明。

D.诗人在暮春之际来到巴峡，山水之趣宽解着诗人的离愁别绪。

2."人作殊方语，莺为故国声"一联中，鸟雀之声传递了作者的思乡之情。下列诗句采用这一写作手法的一项是（　　）（3分）

A.欲暮黄鹂啭，伤心玉镜台。（王昌龄《古意》）

B.天寒雁声急，岁晚客程遥。（晁补之《吴松道中》）

C.苍鸠鸣竹间，两两自相语。（张耒《感春》）

D.殷勤报春去，恰恰一莺啼。（杨万里《和仲良春晚即事》）

3.同样是描绘山峡，《晓行巴峡》与下列诗句相比，在运用意象、抒发情感方面有何不同？请结合诗句，具体分析。（6分）

巴东三峡巫峡长，猿鸣三声泪沾裳。（郦道元《水经注》）

玉露凋伤枫树林，巫山巫峡气萧森。（杜甫《秋兴八首》）

答案：

1.C

2.B

3.意象：本诗选取浣女、鸡鸣、舟市、山桥、万井、莺啼等富有生活气息的意象，而另两首诗歌选取的猿鸣、枫树林等意象多为自然景物。

抒情：本诗作者陶醉于山水之趣，宽解了诗人的离愁别绪。另两首诗歌都有沉郁惆怅凄凉之感，离家远去思乡之意。

（2003 年全国高考试题第 17 题）

过香积寺

王 维

不知香积寺，数里入云峰。

古木无人径，深山何处钟。

泉声咽危石，日色冷青松。

薄暮空潭曲，安禅制毒龙[注]。

[注]安禅：佛家语，指闭目静坐，不生杂念；毒龙：指世俗欲念。

古人评诗时常用"诗眼"的说法，所谓"诗眼"往往是指一句诗中最精练传神的一个字，你认为这首诗第三联两句诗的"诗眼"分别是哪一个字？为什么？请结合全诗简要赏析。

参考答案："诗眼"分别是"咽"、"冷"。山中的流泉由于岩石的阻拦，发出低吟，仿佛呜咽之声；照在青松上的日色，由于山林幽暗，似乎显得阴冷。"咽"、"冷"两字绘声绘色、精练传神地显示出山中幽静孤寂的景色（意境）。

赏析：王维，字摩诘，唐朝著名山水田园诗人。他少年得志，既进入官场，诗歌也早就享有盛誉。早年颇有远大抱负，显得英气逼人。中年后因官场倾轧，灰心失意，经安禄山之乱后，思想更加消沉，欲求归隐而不可得，便过着亦官亦隐的生活。"退朝之后，焚香烛坐，以诵禅为事。"（《旧唐书王维传》得宋之问蓝田别墅后，每日与道友裴迪浮舟往来，弹琴赋诗，自得其乐。晚年则沉湎在寂静的禅境。

诗画辋川——《积雨辋川庄作》

　　诗题《过香积寺》，是访问，探望香积寺。既是去访香积寺，却有着一"不知"，表现了诗人寄情山水的情趣。正因"不知"，所以要去寻找，行不数里，便来到云雾缭绕的山峰之下。诗人表面写云峰，实则映衬香积寺的幽邃深远。

　　二、三两联，写诗人在山中的所见所闻。先看三、四句，古木参天的丛林中，杳无人迹，忽然耳边传来隐隐的钟声，这钟声没有冲淡环境的幽静，反而增添了几分"鸟鸣山更幽"的僻静。但这钟声又是从哪儿传来的呢？"何处"一词，巧妙的写出了诗人寻觅知音的急切心情。

　　第四联。经过苦苦搜寻，诗人在天快黑时终于找到了香积寺，看到了寺前的"空潭"。这里的"空"，正如"空山新雨后"的"空"，不能理解为一无所有，而含有宁静幽寂的意思。诗人面对"空潭"。不由想起一则佛教故事，在西方的一个水潭中，有一毒龙，屡屡伤害百姓。佛门高僧以无边佛法降服了毒龙，还百姓一方平安。诗人运用这个典故，不是为了卖弄学说，哗众取宠，而有其深刻的用意，那就是宣扬佛法无边，佛法万能的观念。

　　王维的诗，不只是"诗中有画"，而且往往是"诗中有道"，这点在他晚年的诗歌中表现的尤为突出。这首诗就是以他沉湎于佛学的恬静心境，描绘出山林古寺的幽静迷人，从而造成一种清高幽僻的意境。

　　全诗采用由远及近，由景入情的写法，从"入云峰"到"空潭曲"，逐步接近香积寺，最后吐露"安禅制毒龙"的情思。这中间过度浑然天成，不露一丝刻意的痕迹。从这个角度讲，本诗不愧是王维山水诗的典范作品，难怪受到命题人的青睐，把它选为高考试题古诗鉴赏的阅读材料。

(2007 年全国卷 II)

新晴野望

王 维

新晴原野旷，极目无氛垢。郭门临渡头，村树连溪口。

白水明田外，碧峰出山后。农月无闲人，倾家事南亩。

注:尘垢:尘埃。

1.第三联上下两句中最精炼传神的分别是哪一个字? 请简要分析。

答:分别是"明"和"出"，充分显示出雨后的"新晴"，诗人极目"野望"所见的景色:田野外河水上涨，在阳光照射下"白水"波光粼粼，比平时更加明亮夺目;雨水冲洗后的群山，在太阳照耀下"碧峰"秀出，更加富有层次。

2.尾联描写了一幅什么样的图景? 这样写有什么好处?

答:尾联写了农忙时节，农人全家在农田里忙于耕作的景象。作者这样写的好处是:再一次突出表现"新晴"这一诗题，因为"新晴"人才能看到农人们"倾家事南亩"的景象。给前面所绘的一幅表态画面平添无限生机，使整修画面活了起来。

[赏析] 这是一首田园诗。描写初夏的乡村，雨后新晴，诗人眺望原野所见到的景色。诗的开头两句，总写新晴野望时的感受:经过雨水的冲涤，空气中无丝毫尘埃，显得特别明净清新;极目远眺，原野显得格外空旷开阔。诗人一下了就抓住了环境的特征，仅仅用"原野旷"、

诗画辋川——《积雨辋川庄作》

"无氛垢"六个字，便把此情此境真切地再现出来。而且将读者也引进这一特定情境中去，随着诗人一起远眺。

纵目四望，周围是一片多么秀丽的景色啊！远处，可以遥遥望见临靠着河边渡头的城门楼；近处，可以看到村边的绿树紧连着溪流的入河口。这在平时都不能看得如此清晰分明。田野外面，银白色的河水闪动着粼粼波光，因为雨后水涨，晴日辉映，比平时显得明亮；山脊背后，一重重青翠的峰峦突兀而出，峰峦叠现，远近相衬，比平时更富于层次感。这一组风景镜头，紧紧扣住了雨后新晴的景物特点。随着目之所及，由远而近，又由近及远，有层次，有格局，有色彩，有亮度，意境清幽秀丽，俨然构成了一幅天然绝妙的图画。

然而，这样一幅画，还只能说是静物写生，虽则秀美，毕竟显得有点空旷，缺乏活力。王维作为山水诗和山水画的大师，是深深懂得这一点的。因而在最后两句中，他便给这幅静态画面加上了动态的人物："农月无闲人，倾家事南亩。"虽然是虚写，却给原野平添了无限生意，能让人想见初夏田间活跃的情状并感受到农忙劳动的气氛。这样一笔，整个画面都活起来了。

这首诗基调明朗、健康，表现了诗人爱自然、爱田园、爱生活的思想感情。诗人对自然美有敏锐的感受，他善于抓住景物特征，注意动静结合，进行层次分明的描绘，给读者以美的艺术享受。

"大我"老杜——
《登岳阳楼》《旅夜书怀》对比赏读

　　杜甫,唐代伟大的现实主义诗人,在中国古典诗歌中的影响非常深远,被后人称为"诗圣",他的诗被称为"诗史"。 杜甫的思想核心是儒家的仁政思想,他有"致君尧舜上,再使风俗淳"的宏伟抱负。杜甫虽然在世时名声并不显赫,但后来声名远播,对中国文学和日本文学都产生了深远的影响。杜甫出身于京兆杜氏,是一个世代"奉儒守官"的家庭,家学渊博。其远祖为汉武帝有名的酷吏杜周,祖父是杜审言。杜甫青少年时因家庭环境优越,因此过着较为安定富足的生活。他自小好学,七岁能作诗,"七龄思即壮,开口咏凤凰",有志于"致君尧舜上,再使风俗淳"。他少年时也很顽皮,"忆年十五心尚孩,健如黄犊走复来。庭前八月梨枣熟,一日上树能千回"。 十九岁时,杜甫出游郇瑕(今山东临沂)。二十岁时,漫游吴越,历时数年。唐玄宗开元二十三年(735年),杜甫回故乡参加"乡贡"。二十四年在洛阳参加进士考试,结果落第。杜甫的父亲时任兖州司马一职,杜甫于是赴兖州省亲,开始齐赵之游。

　　杜甫生活于唐朝由盛转衰的历史时期,早期作品主要表现理想抱负和所期望的人生道路。其间许多作品反映当时的民生疾苦和政治动乱、揭露统治者的丑恶行径,从此踏上了忧国忧民的创作道路。随着

"大我"老杜——《登岳阳楼》《旅夜书怀》对比赏读

唐玄宗后期政治越来越腐败，他的生活也一天天地陷入贫困失望的境地。在颠沛流离的生活中。天宝十四年（755年）十一月，安史之乱爆发，第二年六月，潼关失守，玄宗仓皇西逃。七月，太子李亨即位于灵武，是为肃宗。这时的杜甫已将家搬到鄜州（今陕西富县）羌村避难，他听说了肃宗即位，就在八月只身北上，投奔灵武，途中不幸为叛军俘虏，押至长安。同时被俘的王维被严加看管，杜甫因为官小，没有被囚禁。尽管个人遭遇了不幸，但杜甫无时无刻不忧国忧民。

乾元二年（759年）夏天，华州及关中大旱，杜甫写下《夏日叹》和《夏夜叹》，忧时伤乱，咏叹国难民苦。这年立秋后，杜甫因对污浊的时政痛心疾首，而放弃了华州司功参军的职务，西去秦州（今甘肃省天水一带）。杜甫在华州司功任内，共作诗三十多首。杜甫几经辗转，最后到了成都，在严武等人的帮助下，在城西浣花溪畔，建成了一座草堂，世称"杜甫草堂"，也称"浣花草堂"。后被严武荐为节都，全家寄居在四川奉节县。

广德二年（764年）春，严武再镇蜀，杜甫才又回到草堂，此前漂泊在外将近两年。严武表荐杜甫为检校工部员外郎，做了严武的参谋，后人又称杜甫为杜工部。不久杜甫又辞了职。这五六年间，杜甫寄人篱下，生活依然很苦，他说："厚禄故人书断绝，恒饥稚子色凄凉"（《狂夫》），"痴儿不知父子礼，叫怒索饭啼东门。"他用一些生活细节来表现自己生活的困苦，他说他的孩子是那种还没有懂事的孩子，还不知道对父亲很尊重，不知夫子礼，饿了的时候不管是不是爸爸，是不是要遵循父子之礼，饿了就吵着要饭吃，在东门外号哭。到了秋风暴雨之中，杜甫的茅屋破败，饥儿老妻，彻夜难眠，他写了《茅屋为秋风所破歌》。

广德三年（765年）四月，严武去世，杜甫离开了成都。经嘉州、戎州（宜宾）、渝州（重庆）、忠州（忠县）、云安（云阳），于唐代宗大历元年（766年）到达夔州（奉节）。由于夔州都督柏茂林的照顾，杜甫得以在此暂住，为公家代管东屯公田一百顷，自己也租了一些公田，买了四十亩果园，雇了几个雇工，自己和家人也参加了一些劳动。这一时期，诗人创作达到了高潮，不到两年，作诗四百三十多首，占现存作品的百分之三十。这时期，其作品有《春夜喜雨》《茅屋为秋风所破歌》《蜀相》《闻官军收河南河北》《登高》《登岳阳楼》等大量名作。其中最为著名的诗句为："安得广厦千万间，大庇天下寒士俱欢颜。" 而《登高》中的："无边落木萧萧下，不尽长江滚滚来"更是千古绝唱。

《登岳阳楼》《旅夜书怀》两首诗创作的时间接近，均为晚年漂泊西南时期。这一时期，因好友严武的逝去，杜甫失去了他温暖的来源，765—770年，基本上是在漂泊中渡过的，最后在由潭州往岳阳的一条小船上去世。《旅夜书怀》写于765年，从成都到重庆、忠州的途中，而《登岳阳楼》写于768年的冬天，诗人自湖北公安到达湖南岳阳后写的。杜甫出峡漂泊两湖，此诗是诗人登岳阳楼而望故乡，触景感怀之作。是年(769年)诗人已五十七岁，距生命的终结仅有两年。当时，诗人处境艰难,凄苦不堪,年老体衰，患肺病及风痹症，左臂偏枯，右耳已聋，贫病交加，再加上北归无望，全家人寄居在一只小船上，沿着洞庭湖向南漂泊。除了相同的背景，相同的时间阶段外，还有什么相同之处?

"大我"老杜——《登岳阳楼》《旅夜书怀》对比赏读

诵读，解题。

《登岳阳楼》是诗人上岳阳楼抒发情怀。

《旅夜书怀》诗人在旅途之中的夜晚，抒发自己的情怀。

分别弄清两首诗歌的含义。《登岳阳楼》由学生互译，《旅夜书怀》由学生根据课下注释理解。

找出两首诗中写景的句子。

《登岳阳楼》颔联：吴楚东南坼，乾坤日夜浮。

洞庭湖广阔浩瀚把吴楚两地东南隔开，天地像在苍茫的湖面上日日夜夜漂浮荡漾。

《旅夜书怀》首、颔联：细草微风岸，危樯独夜舟。星垂平野阔，月涌大江流。

微风吹拂着江岸上的细草，竖着高高樯杆的小船在月夜孤独地停泊着。

明星低垂，平野广阔；月随波涌，大江东流。

两诗的颔联有没有相似点？

"吴楚东南坼，乾坤日夜浮。""坼"，分裂。"浮"，漂浮荡漾。洞庭湖水将广袤数千里的吴、楚两地南北分裂，这气势何等磅礴；日月星辰仿佛昼夜都飘浮在这湖水上面，这景象又何等宏丽。洞庭湖好似把一切都包含其中，写出了洞庭湖浩瀚无边的磅礴气势，宏伟阔大的意境。

"星垂平野阔，月涌大江流。"星空低垂，由上而下照耀整个原野，显出平野的广阔，月光随江水一起汹涌奔流。辽阔的平野、浩荡的大江、灿烂的星月，浑然一体，有一种宇宙苍茫无穷之感，真是雄浑壮

——让学生遇见美好

阔到了极点。

两首诗抒发的情感有何相似之处?

《登岳阳楼》颈、尾联:亲朋无一字,老病有孤舟。戎马关山北,凭轩涕泗流。

亲朋好友们音信全无,我年老多病,乘孤舟四处漂流。北方边关战事又起,我倚着栏杆远望泪流满面。

杜甫首先抒发了自己的个人身世之悲,此时的诗人,从大历三年正月自夔州携带妻儿、乘舟出峡以来,飘流湖湘,年老多病,全家人寄居在一条小船上,孤苦无依,亲朋好友也音信断绝,写出了身世的凄凉落寞。感慨个人身世悲苦的同时,又对国家前途的命运充满了忧虑之情,诗人念及国事,站在岳阳楼上"凭轩远眺"时,想到当时边境受侵犯的情况,不觉潸然泪下,忧国忧民之情跃然纸上。

《旅夜书怀》颈、尾联:名岂文章著,官应老病休。飘飘何所似,天地一沙鸥。

我难道是因为文章而著名,年老病多也应该休官了。自己到处漂泊像什么呢?就像天地间的一只孤零零的沙鸥。

颈联运用了反语的修辞手法。表面上说,诗人的名声显著,不是因为文章写得好,实际上,却是如此。诗人由于诗名满天下,尽管后半生颠沛流离,居无定所,但所到之处都受到人们的尊重和关照,这总算给了他一些宽慰。然而对杜甫来说,并不认为这是件值得骄傲的事情,诗人的本志是"致君尧舜上,再使风俗淳",所以,不能得官以实现其本志,是他一生最大的憾事。表面上说因自己年老多病被罢官,其实意思正好相反,即名因文章著,官非老病休。既然休官原因不是

"大我"老杜——《登岳阳楼》《旅夜书怀》对比赏读

"老病"，那是什么呢?诗人没有说出来，但我们从杜甫为官的经历却不难看出，原因就是他上书言事，触怒皇帝，又遭同列排挤。所以抒发自己的怀才不遇的愤懑之情。尾联以沙鸥自比，感叹自己的漂泊之苦。广阔的天地之间，一只无依无靠的沙鸥无处可归。在表现出诗人心中愤懑不平的同时，揭示出政治上的失意是他漂泊、孤寂的根本原因。

《登岳阳楼》《旅夜书怀》两首诗在抒情上有相似之处，都抒发了个人身世之悲。

如何理解这种景情关系?

以壮景写哀情。两首诗所绘之景都是雄浑壮阔之景，反衬了自己孤独、渺小、漂泊无依的愁苦之情。

《旅夜书怀》前两联都是写景，写景有何特点?

观察角度变化:由近及远。首联描写的是江边近岸处的细草，微风轻轻吹拂，桅杆高竖的小船在月夜里孤独地停泊在水边，诗人的视线投向远方，展现在眼前的是明星低垂，平野无际，月随波涌，大江东流的壮阔之景。

《登岳阳楼》《旅夜书怀》两首诗除了借景抒情之外，在手法上还有什么相似之处?

对比手法。《登岳阳楼》首联"昔闻洞庭水，今上岳阳楼。"今昔对照，以前的日子就听说洞庭湖波澜壮阔，今日如愿终于登上岳阳楼。表面看有初登岳阳楼之喜悦，其实却不然。过去听说，那时是壮年，满怀"致君尧舜上，再使风俗淳"的胸怀抱负，而现在，年老多病，孤寂漂泊，前程茫茫，不知归处，历经了人世的沧桑，所以其实意在抒发早年抱负至今未能实现之情。《旅夜书怀》首联所绘细小、细微之

——让学生遇见美好

景与颔联描绘的雄浑壮阔之景形成对比，借以抒发诗人暮年漂泊的凄苦孤寂的心情。

附：高考杜甫诗鉴赏及答案

（2001 年上海春招）

月夜忆舍弟

杜　甫

戍人断人行，边秋一雁声。露从今夜白，月是故乡明。

有弟皆分散，无家问死生。寄书长不达，况乃未休兵。

（1）杜甫是伟大的现实主义诗人，他的诗被称为"诗史"，他被后人奉为＿＿＿＿＿＿。这首诗的体裁是五言＿＿＿＿＿诗。

（诗圣，律）

（2）从诗中＿＿＿＿＿＿和＿＿＿＿＿＿等句子，可以看出本诗写于安史之乱时期。

（戍鼓断人行、有弟皆分散、无家问死生、寄书长不达、况乃未休兵。任意写出其中两句即可）

（3）作者为什么要说"月是故乡明"？

（诗人思念故乡，感情上觉得故乡的月比其他地方的月更明，突出诗人对故乡的热爱之情。）

"大我"老杜——《登岳阳楼》《旅夜书怀》对比赏读

（2004年广东卷）

江　汉

杜　甫

江汉思归客，乾坤一腐儒。片云天共远，永夜月同孤。

落日心犹壮，秋风病欲苏。古来存老马，不必取长途。

(1)这是杜甫晚年客滞江汉时所写的一首诗。诗中二三联用了"片云"、"孤月"、"落日"、"秋风"几个意象，请分析其情景交融的意境。

【答案】"片云""孤月"意境凄凉，流露出作者孤独、苦无知音的烦闷；"落日""秋风"意境雄壮、开阔，又体现了作者"烈士暮年，壮心不已"的乐观旷达。

(2)有人认为这首诗洋溢着诗人自强不息的精神，也有人认为这首诗表达了诗人的怨愤之情，你同意哪种看法？请说明理由。亦可另抒己见。

【答案】开放题，言之成理即可。答"自强不息"的要联系"落日心犹壮"，答"怨愤"的要联系"不必取长途"。

【题解】有人认为此诗作于夔州，有人认为作于江陵，当以后者为是。大历三年（768年）正月，杜甫自夔州出峡，秋天，流寓湖北江陵、公安等地，诗即作于此间。诗题作《江汉》，近乎无题，大概漂泊流徙中，已无心拟题。杜甫这时已五十六岁，长期飘零，历尽艰辛，北归无望，生计日困，至老仍如浮云行止无定，心中自然颇多感慨。尽管如此，诗人忠魂仍存，壮心犹在，并未因处境困顿和年老多病而悲观消沉,此诗就集中地表现了这种"烈士暮年,壮心不已"的精神。

【句解】

【江汉思归客,乾坤一腐儒】漂泊江汉,我这思归故乡的天涯游子,在茫茫天地之间,只是一个迂腐的老儒。"江汉",长江、汉水之间。首联表达出诗人客滞江汉的窘境,有自嘲意。"思归客"是杜甫自谓,因为身在江汉,时刻思归故乡,但思归而不得,饱含天涯沦落的无限辛酸。"乾坤",即天地。"腐儒",迂腐的读书人,这里实际是诗人自指不会迎合世俗。如果说前一句还只是强调诗人飘泊在外的思乡之心,后一句则将自己在天地间的渺小孤独感吐露无遗。诗人原来的抱负是要经天纬地的,然而越到人生的最后阶段,他越是痛感自己的渺小无力。其中的痛楚和无奈该有多深!

【片云天共远,永夜月同孤】像飘荡在远天的片云一样远客异乡;与明月一起,孤独地面对漫漫长夜。颔联为工对。"天共远",承江汉客;"月同孤",承一腐儒。诗人表面上是在写片云孤月,实际是在写自己。他把自己的感情和身外的景物融为一片,慨叹自己飘泊无依。不过,在明月的皎洁和孤清中,我们又体会到了诗人的孤高自许,他的心,仍然是光明的。"永夜",长夜。

【落日心犹壮,秋风病欲疏】我虽已到暮年,就像日将落西山,但一展抱负的雄心壮志依然存在;面对飒飒秋风,我不仅没有悲秋之感,反而觉得病逐渐好转。颈联为借对,"落日"比喻暮年,而非写实。"秋风"句是写实。诗的意境阔大而深沉,形象地表达出诗人积极用世、身处逆境而壮心不已的精神,"疏",复苏。

【古来存老马,不必取长途】自古以来存养老马是因为其智可用,

"大我"老杜——《登岳阳楼》《旅夜书怀》对比赏读

而不必取其体力，跋涉长途。尾联用老马识途的典故，比喻自己身虽年老多病，但智慧犹可用，还能有所作为。《韩非子·说林上》里讲，春秋时管仲随齐桓公伐孤竹，春往冬返，迷失道路。管仲提议用老马领路，于是找到了归途。"老马"是诗人自比。

【评解】诗人身滞江汉，心有感而作此诗。他用凝炼的笔触，抒发了怀才见弃的不平之气和报国思用的慷慨情怀。前两联写所处之穷，后两联写才犹可用。元代方回《瀛奎律髓》评论这首诗说："味之久矣，愈老而愈见其工。中四句用'云天'、'夜月'、'落日'、'秋风'，皆景也，以情贯之。'共远'、'同孤'、'犹壮'、'欲苏'，八字绝妙，世之能诗者，不复有出其右矣。"确实，诗的中间两联，情景相融，妙合无垠，有着强烈的艺术感染力，故历来为所称道，明代胡应麟《诗薮内篇》就说，这两联"含阔大于沉深，高（适）、岑（参）瞠乎其后"。

（2008 年高考福建卷）

绝句漫兴九首（其三）

杜　甫

熟知茅斋绝低小，江上燕子故来频。

衔泥点污琴书内，更接飞虫打着人。

【注】这首诗写于杜甫寓居成都草堂的第二年（761 年）。

请从表现手法的角度，对这首诗作简要赏析。

【答案】这首诗景中含情。诗人从燕子落笔，细腻逼真地描写了它们频频飞入草堂书斋，"点污琴书"、"打着人"等活动。这些描写既凸现了燕子的可爱之态，又生动传神地表现出燕子对草堂书斋的喜爱，以及对诗人的亲昵。全诗洋溢着浓厚的生活气息，给人自然、亲切之感，同时也透露出诗人在草堂安定生活的喜悦和悠闲之情。

也可以理解为诗人通过对燕子频频飞入草堂书斋扰人情景的生动描写，借燕子引出禽鸟也好像欺负人的感慨，表现出诗人远客孤居的诸多烦恼和心绪不宁的神情。负人的感慨，表现出诗人远客孤居的诸多烦恼和心绪不宁的神情。（言之成理即可）

【解析】本题重点考查考生鉴赏诗歌表达技巧的能力，解答时，除把握全诗内容外，还要结合作者及注释内容理解。本诗可看为山水田园诗，注意从诗歌的意象入手，从景与情的关系来把握作者的情感。王夫之在《姜斋诗话》中说："情景名为二，而实不可离。神于诗者，妙合无垠。巧者则有情中景，景中情。"杜甫这首诗也是善于景中含情的一例。全诗俱从茅斋江燕着笔，三、四两句更是描写燕子动作的景语，就在这"点污琴书"、"打着人"的精细描写中，包蕴着远客孤居的诸多烦扰和心绪不宁的神情，体物缘情，神物妙合。"不可人意"的心情，诗句中虽不著一字，却全都在景物描绘中表现出来了。

（2009 年广东卷）

月

杜 甫

万里瞿唐①月，春来六上弦②。时时开暗室，故故③满青天。
爽和风襟静，高当泪满悬。南飞有乌鹊，夜久落江边。

"大我"老杜——《登岳阳楼》《旅夜书怀》对比赏读

【注】①瞿唐:瞿塘峡,位于长江三峡奉节至巫山段,安史之乱后,杜甫曾困居于此。②上弦:上弦月,农历每月初七、初八的弓形月亮。③故故:常常,频频。

(1)作者通过咏月主要抒发了怎样的感情? (3分)

答:全诗以明月兴思情,同一轮明月寄予着两地彼此的相思,思情的悠远绵长与月夜的孤独寂寞相织相融,形成一种清丽深婉、寂寥苦思的凄清氛围,抒发了诗人对时局动荡、国事艰难的忧虑以及对家乡故园亲人的思念。作者通过描写春夜清冷静谧的月下景色,抒发了自己因国难而颠沛流离、生活动荡不定的凄凉伤感之情。

(2)从"万里"、"时时"、"夜久"三个词中任选两个,分别简析它们在表情达意方面的作用。(4分)

①"万里"一词,突出空间范围之广,表现了广阔地天地笼罩于清淡月色中的情景,反衬了诗人的个体的渺小孤独寂寞之情。

②"夜久"一词,强调时间之长,写出了南飞的乌鹊在深夜经长时间飞奔后只能落在江边暂时栖息的情景,含蓄地表现了诗人长时间在外奔波、身心俱疲的艰难处境。

"时时"一词,运用叠词,写月光时时照进黑暗的居室,与下句的"故故"相对,使语言表达更富有韵律美。

【考点】本题主要考查诗歌形象和情感,首先通读全文,结合背景,从诗歌所描绘的意象出发。

【解析】第(1)题考查诗歌景和情的关系,"月"是本诗的主要意象,抓住作者所描写的月的特点,再结合诗人遭遇和国家的局势作答。第(2)题考查诗歌情感,结合注释①作答。

——让学生遇见美好

（2009 年天津卷）

严郑公宅同咏竹

唐　杜甫

绿竹半含箨，新梢才出墙。色侵书帙晚，阴过酒樽凉。

雨洗涓涓净，风吹细细香。但令无剪伐，会见拂云长。

注：严郑公，即严武，受封郑公。箨（tuò），笋壳。帙，包书的布套。

（1）本诗前三联描写出竹子怎样的形象？

（2）请赏析"色侵书帙晚"一句。

（3）请你谈谈对最后一联寓意的理解。

【答案】（1）形象：嫩竹新出，竹影阴凉，雨洗竹净，风送竹香。

（2）翠竹的影子投映在书上，使人感到光线暗了下来。"侵"写出了竹影移动扩大的渐进过程。"晚"字则写出了竹影给人带来的时间错觉。

（3）答案符合诗意，言之成理即可。

示例一：要尊重天性，顺应自然。

示例二：要呵护人才，不要摧残人才。

示例三：期待得到提携，使自己有所作为。

【考点】鉴赏诗的内容，理解主旨。

【解析】这是一首咏物诗，理解咏物诗就要抓住作者所吟咏事物的特征。诗中作者着力描绘的形象是"竹"，第一联着力写竹子的嫩和新，第二联着力写竹阴的凉爽怡人，第三联写竹子经雨洗刷后的洁净，

"大我"老杜——《登岳阳楼》《旅夜书怀》对比赏读

以及竹子的清香，根据对诗句的这些理解，概括竹子的形象特点。

"色侵书帙晚"一句描绘竹子的形象，注意描写的是竹影，结合全句加以描绘。注意鉴赏具有刻画效果的词语，即要锤炼的字"侵"的动态效果和"晚"字的衬托效果。

理解诗的主旨要紧扣住诗的最后一联"但令无剪伐，会见拂云长"。因为咏物诗往往寄寓作者的某种思想情感，可以根据自己的理解加以判断。这种题的答案不求一致，但求合理。就像对《诗经》中"窈窕淑女"的理解一样，她可以是现实的人，也可借喻理想，这里也不求一致。

但是，出题人在设置考点时似乎对内容的考查拟题重复，前两个小题都是对形象的鉴赏，虽然一概括一具体，但我本人觉得这一点有些欠缺。

【思路分析】咏物诗往往扣住所咏之物的具体特点，又在其中有所寄寓。阅读鉴赏时要注意抓住咏物诗的这些特征就可以读懂了。解题时注意考题的考点，注意筛选答案要点。

（2010 年安徽卷）

岁 暮

杜 甫

岁暮远为客，边隅还用兵。烟尘犯雪岭，鼓角动江城。

天地日流血，朝廷谁请缨？济时敢爱死？寂寞壮心惊！

（1）诗人为什么会发出"寂寞壮心惊"的感慨？请结合全诗作简

要分析。(4分)

答:岁末暮年,漂泊异乡,政治上被冷落,孤独寂寞;边境发生战争,时局艰危,朝中无人为国分忧;诗人崇高的责任感、强烈的爱国感情与其艰难的处境,报国愿望难以实现形成巨大反差。

(2) 这首诗使用了多种表达技巧,请举出两种并作赏析。(4分)

答:借代,如"烟尘""鼓角"代边境战争,从视角和听觉两方面突出了战争的紧张,渲染了时局的艰危。

用典,如"请缨",典出《汉书.终军传》,指主动请求担当重任,在诗句中暗示朝中无人为国分忧,借以表达诗人对国事的深深忧虑。

对偶,"烟尘犯雪岭"与"鼓角动江城"。

双关,如"岁暮"表面指的是时序岁末,深层指作者已进入人生暮年,还指唐帝国由盛而衰进入晚唐。

反问,"朝廷谁请缨? 济时敢爱死?"写出了朝中无人为国分忧。

描写手法中有虚实结合,如"朝廷谁请缨"是作者的想象,是虚写;"鼓角动江城。天地日流血"是眼下情景,是实写。

表现手法中有对比,如朝廷之臣无人请缨与江湖之士的作者"敢爱死"对比;作者高远的心志与报国无门对比,等等。

(2011 江苏卷)

春日忆李白

杜 甫

白也诗无敌,飘然思不群。 清新庾开府[①],俊逸鲍参军[②]。

"大我" 老杜——《登岳阳楼》《旅夜书怀》对比赏读

渭北春天树③，江东日暮云④。何时一樽酒，重与细论文⑤。

【注】

①庾开府：指庾信。在北周官至骠骑大将军、开府仪同三司（司马、司徒、司空），世称庾开府。

②鲍参军：指鲍照。南朝宋时任荆州前军参军，世称鲍参军。

③渭北：渭水北岸，借指长安一带，当时杜甫在此地。

④江东：指今江苏省南部和浙江省北部一带，当时李白在此地。

⑤论文：即论诗。六朝以来，通称诗为文。

（1）这首诗的开头四句从哪三个方面对李白的诗做出了什么样的高度评价？（3分）

答：①诗坛地位，无人可比；②诗的思想情趣，洒脱不凡；③诗歌风格，清新、俊。

（2）"渭北春天树，江东日暮云" 一联表达了什么样的思想感情？用了何种表现手法？（4分）

答：表达了双方翘首遥望的思念之情：作者思念友人李白，想象李白也在思念自己。用了借景抒情、寓情于景的表现手法。

（3）说说这首诗的构思脉络。（3分）

答：立足于诗，怀念李白：从赞美李白的诗歌开始，转为对李白的思念，最后以渴望相见、切磋诗艺作结。

——让学生遇见美好

（2013 全国大纲卷）

客 从

杜 甫

客从南溟来，遗我泉客珠①。珠中有隐字②，欲辨不成书。

缄之箧笥③久，以俟公家须。开视化为血，哀今征敛无。

【注】①泉客珠：指珍珠。泉客，传说中的人鱼，相传它们流出的眼泪能变为珍珠。②佛教传说，有些珠子中隐隐有字。③箧笥：指储藏物品的小竹箱。

(1)这首诗讲述了一个故事，请简述这个故事。(4分)

答：有客人从南海来，送我珍珠；珍珠里隐约有字，想辨认却又不成字；我把它久久藏在竹箱里，等候官家来征求；但日后打开箱子一看，珍珠却已化成了血水，可悲的是我现在再也没有什么可以应付官家的征敛了。

(2)从全诗看，"珠中有隐字"、珍珠"化为血"各有什么寓意?(4分)

答："珠中有隐字"，寓意为百姓心中有难言的隐痛。珍珠"化为血"，寓意为官家征敛的实为平民百姓的血汗。

【思路点拨】此诗大约是769年（唐代宗大历四年）杜甫在长沙所作。这是一首寓言式的政治讽刺诗。揭露统治者对人民的横征暴敛，便是这首诗的主题。杜甫巧妙地、准确地运用了传说，用"泉客"象征广大的被剥削的劳动人民，用泉客的"珠"象征由人民血汗创造出来的劳动果实。第（1）题答出故事梗概的，给2分；答出"欲辨不成

"大我"老杜——《登岳阳楼》《旅夜书怀》对比赏读

书"意思的，给1分；答出"哀今征敛无"意思的，给1分。第（2）题答出"珠中有隐字"寓意的，给2分；答出珍珠"化为血"寓意的，给2分。两题意思答对即可。

(1)南溟，南海，遗，问遗，即赠送。泉客，即鲛人，也叫泉仙或渊客（左思《吴都赋》"渊客慷慨而泣珠"）。古代传说：南海有鲛人，水居如鱼，能织绡，他们的眼泪能变成珠子。

(2)泉客珠：指珍珠。泉客：传说中的人鱼，相传它们流出的眼泪能变为珍珠。唐中宗《石淙》诗："水炫珠光遇泉客，岩悬石镜厌山精。"

(3)有隐字：有一个隐约不清的字。因为隐约不清，所以辨认不出是个什么字。佛教传说，有些珠子中隐隐有字。珠由泪点所成，故从珠上想出"有隐字"，这个字说穿了便是"泪"字。它是如此模糊，却又如此清晰。

(4)书：即文字。

(5)缄：封藏。箧笥（qiè sì）：指储藏物品的小竹箱。《礼记·内则》："男女不同椸枷，不敢县于夫之楎椸，不敢藏于夫之箧笥。"

(6)俟：等待。公家：官家。须：需要，即下所谓"征敛"。

(7)化为血：即化为乌有，但说化为血，更能显示出人民遭受残酷剥削的惨痛。

(8)征敛：犹征收。《周礼·地官·里宰》："以待有司之政令，而徵敛其财赋。"

——让学生遇见美好

（2014高考北京卷）

奉陪郑驸马韦曲

杜 甫

韦曲①花无赖，家家恼煞人。绿樽须尽日，白发好禁②春。

石角钩衣破，藤梢刺眼新。何时占丛竹，头戴小乌巾。

注释：①韦曲：唐代长安游览胜地。杜甫作此诗时，求仕于长安而未果。

②禁：消瘦。

（1）下列对本诗的理解，不正确的一项是（　　）（3分）

A．诗的首句和辛弃疾的"最喜小儿无赖"，两处"无赖"都传达了作者的喜爱之情。

B．三四句意谓韦曲的满眼春色，让自感老去的诗人也觉得应借酒释怀，消受春光。

C．五六句通过"石角钩衣"、"藤梢刺眼"的细致描写，状写韦曲春去夏来的美景。

D．此诗运用了"反言"，如"恼煞人"，实际是爱煞人，正话反说，有相反相成之趣。

（2）诗家常借"韦曲"寓兴亡之感。下列诗句寓有兴亡之感的两项是（　　）（4分）

A．杜甫诗中韦曲花，至今无赖尚家家。（唐·罗隐《寄南城韦逸人》）

"大我"老杜——《登岳阳楼》《旅夜书怀》对比赏读

B．当年燕子知何址，但苔深韦曲，草暗斜川。(宋·张炎《高阳台》)

C．莫夸韦曲花无赖，独擅终南雨后青。(元·虞集《题南野亭》)

D．花气上林春浩渺，酒香韦曲晚氤氲。(明·胡应麟《寄朱可大进士》)

E．韦曲杜陵文物尽，眼中多少可儿坟。[清(此当作明，出题人有误)·王象巽《游曲江》]

(3) 前人引《南史》注诗中"小乌巾"："刘岩隐逸不仕，常著缁衣小乌巾。"结合这一注解，谈谈诗的最后两句表达了诗人怎样的思想感情。(4分)

(1) 答案：C

解析：本诗所写明显是春日景色，并非夏日。

(2) 答案：BE

解析：兴亡盛衰之感往往是通过描绘眼前的物是人非而起，"当年燕子知何处"和"韦曲杜陵文物尽"均是在感慨当初繁华如今已经不再，因此答案容易获得，余下三句均为袭用杜甫原句进行单纯的景物描写。

(3) 答案：这两句诗的意思是"不知自己何时才能占据一丛竹林，头戴小乌巾，过着像刘岩一样的隐士生活"，运用典故，通过对韦曲春色描写，表达出作者的喜爱之情，因此产生对归隐山林的隐士生活的向往，曲折含蓄地表达出对久图官场功名而不得的厌倦情绪。

解析：参照注释和典故本身，知人论世，即可得到答案，注意要

——让学生遇见美好

先理解诗句本身的意思再分析，归隐之怀在表面，厌倦功名之心则为根本。

（2015年高考语文试题安徽卷）

月 圆

杜 甫

孤月当楼满，寒江动夜扉。委波金不定，照席绮逾依。

未缺空山静，高悬列宿稀。故园松桂发，万里共清辉。

【注】（1）这首诗是唐代宗大历元年（766年）秋天杜甫所作。（2）这里指光彩更加柔美。（3）未缺：指月圆。（4）列宿：众星。

1.这首诗前六句描写了月圆之夜的哪几幅画面？请用简洁的语言进行概括。

答案：这首诗前六句描写了月圆之夜的六幅画面。天上月，门上波光闪动，江上月，室内月，月下幽深的山林，群星稀廖的夜空。

2．本诗最后两句情感真挚，请从虚实结合的角度进行赏析。

答案：最后两句是诗人由眼前的月亮想象到千里之外的家乡和亲人，联想到与他们远隔万里共沐月光。表达诗人的美好的愿望和真情的祝愿，也是自己长期滞留异乡，久久难归的无可奈何的告慰。

"大我"老杜——《登岳阳楼》《旅夜书怀》对比赏读

（2016年上海高考试题）

野　望

杜　甫

西山白雪三城戍①，南浦清江万里桥②。

海内风尘诸弟隔，天涯涕泪一身遥。

惟将迟暮供多病，未有涓埃③答圣朝。

跨马出郊时极目，不堪人事日萧条。

【注】①三城戍：西山三城的堡垒，三城，与吐蕃临界，为蜀边要塞。②南浦句：南浦，泛指送别之地。万里桥，在成都杜甫草堂的东边。③涓埃：细流与微尘，比喻微小。

13．下列各组词语不符合对仗要求的一项是（　　）。（1分）

A．第一、二句中的"白雪"与"清江"。

B．第三、四句中的"诸弟"与"一身"。

C．第五、六句中的"供多病"与"答圣朝"。

D．第七、八句中的"时极目"与"日萧条"。

14．从"切合题目"的角度分析本诗，恰当的一项是（　　）。（2分）

A．第一、二句中的"西山""南浦"切合"野"字。

B．第三、四句"海内""天涯"切合"野望"二字。

C．第五、六句中的"迟暮""涓埃"切合"望"字。

D．第七句中的"出郊""极目"切合"野望"二字。

15．全诗是怎样表现作者的情感的？请结合具体诗句加以赏析。

——让学生遇见美好

（　　）（5分）

【答案】

13．D

14．D

15．全诗表现了作者感伤时局，怀念诸弟，孤独隐忧的思想情感。首联写作者野望所见的"西山"和"清江"凄清景色，融情于景。中间两联写作者由所望之景触发的有关国家和个人的感怀。由战乱推出怀念诸弟，自伤流落的情思。暮年"多病"，"未有"丝毫贡献报答"圣朝"的惭愧。尾联写出杜甫深为民不堪命而对世事产生"日"转"萧条"的隐忧。

【解析】

13．试题解析：本题选D项。古诗词中的对仗，要考虑到词性、平仄等因素。A项中"白雪"与"清江"，词性相对，颜色"白"对"清"，名词"雪"对"江"。B项中，"诸弟"对"一身"，"诸""一"都是数字相对。C项中，"供多病"与"答圣朝"动宾结构相对。D项中，"极目"与"萧条"词性不相对。因比选D项。

考点：正确识记古诗词中的对仗知识。能力层级为识记A。

14．试题解析：本题选D项。题干要求从"切合题目"的角度分析，指向明确，首先从题目"野望"思考起，A项中"西山""南浦"切合题目中的"望"而非"野"字。B项中"海内""天涯"是诗人远望后的想象，而不是切合"野望"二字。C项中的"迟暮""涓埃"也是作者的感慨语，而非"野望"的内容。D项中的"出郊"切合"野"，"极目"切合"望"，所以都与"野望"二字切合，因此选D项。

"大我"老杜——《登岳阳楼》《旅夜书怀》对比赏读

考点:鉴赏文学作品的表达技巧。能力层级为鉴赏评价D。

15. 试题解析:题干要求明确,首先是全诗的情感,然后结合诗句解答。情感上应从诗句中表现情感的词语中概括。从"诸弟隔""涕泪""供多病""答圣朝""不堪人事"等词语中可以看出全诗表现了作者感伤时局,怀念诸弟,孤独隐忧的思想情感。结合诗句就是要求学生结合全诗的每一联思考。首联写作者野望所见的"西山"和"清江"凄清景色,融情于景。中间两联写作者由所望之景触发的有关国家和个人的感怀。由战乱推出怀念诸弟,自伤流落的情思。暮年"多病","未有"丝毫贡献报答"圣朝"的惭愧。尾联写出杜甫深为民不堪命而对世事产生"日"转"萧条"的隐忧。

考点:评价文学作品的思想内容和作者的观点态度。能力层级为鉴赏评价D。

飘荡在扬州上空的
《黍离》之悲——《扬州慢》

关于姜夔。

姜夔，字尧章，号白石道人，南宋文学家、音乐家。

布衣终身。姜夔少年孤贫，屡试不第，终生未仕。他曾四次回家乡参加科举考试，均名落孙山。大约39岁时，他在杭州结识了世家公子张鉴。张鉴是南宋大将张俊的后人，家境豪富，在杭州、无锡都有田宅。他对姜夔的才华也很欣赏，因为姜夔屡试不第，曾经想出资为姜夔买官，但姜夔却不想用这种让人羞愧的方式进入仕途，婉言谢绝。在1196年，萧德藻被侄子萧时父迎归池阳，姜夔在湖州失去依傍，遂干脆移家杭州，依附张鉴及其族兄张镃，后不再迁徙，在杭州居住终老。43岁的姜夔曾向朝廷献《大乐议》、《琴瑟考古图》，希望获得提拔，但朝廷没有重视。两年之后，姜夔再次向朝廷献上《圣宋铙歌鼓吹十二章》，这次朝廷下诏允许他破格到礼部参加进士考试，但他仍旧落选，从此完全绝了仕途之念，以布衣终老。这也和姜夔生活的时代背景有关系，偏安一隅的南宋朝廷使得姜夔的仕途之路总有些身不由己，因此，最多不过是以"客卿"身份给人做幕僚。

多才多艺。姜夔对诗词、散文、书法、音乐，无不精善，是继苏轼之后又一难得的艺术全才。精通音律，而能自度曲，其词格律严密。

飘荡在扬州上空的《黍离》之悲——《扬州慢》

其作品素以空灵含蓄著称，姜夔词题材广泛，有感时、抒怀、咏物、恋情、写景、记游、节序、交游、酬赠等。《扬州慢》《暗香》《疏影》是其最出名的三首词。生于南宋，是所有诗人心中的悲号之声。而姜夔的所有诗歌，体现了两种情感：其一是国破家亡的悲痛之情；其二是一生中难以忘怀的合肥女子，虽无姓名留下，却留下了一生无限怀念的真挚情感。（姜夔生平有一段情事，铭心而刻骨。他早年曾客居合肥，与一对善弹琵琶的姊妹相遇，从此与其中一位结下不解之缘，却因白石生计不能自足而不得不游食四方，遂无法厮守终老。姜白石诗中提及此一情事的，只有《送范伯讷往合肥》绝句三首，而他的词中，与此情有关的有二十二首之多，占其全部词作的四分之一，足见其萦心不忘。如《醉吟商小品》词，怀念合肥情侣。《秋宵吟》中无可奈何地说："卫娘何在，宋玉归来，两地暗萦绕。摇落江枫早，嫩约无凭，幽梦又杳。"对她们的离去表现出无比伤感和眷恋。前人多因不晓本事，常常责其费解，王国维甚至有"白石有格而无情"之讥评。可事实上，白石用情之专之深，在两宋文人中只有陆游差堪比拟。这也使得他的词具有极为感人的品质，诚如夏承焘先生所说的，"在唐宋情词中最为突出"。）

　　姜夔的词境独创一格，艺术思维方式和表现手法也别出心裁。姜夔在引诗济词方面和"苏辛"是相同的，但他有意为词，将词的音律、创作风格和审美理想纳入一定的法度之中，将原来并无必然联系的清空、骚雅联成一体，形成一种新的词风。他根据自己对音乐精神的理解，改造唐宋乐谱，使市井俗乐与传统雅乐的精神相通；他总结化用才学的法度，从众多的典故中汲取其共同意义，把具体的情感升华为空灵模糊的意趣;他用近俗的题材,表现出雅正的情感。他从词体的特征出发,因势而利导,随俗而雅化,使清空与骚雅连成一体,形成一种新的词风。

姜夔也是一位书法家。他的《续书谱》仿效孙过庭《书谱》而撰写,但并非《书谱》之续。全卷分总论、真书、用笔、草书、用笔、用墨、行书、临摹、方圆、向背、位置、疏密、风神、迟速、笔势、情性、血脉、书丹十八则,所论书法艺术的各个方面,实自抒其心得之语。是南宋书论中成就最高,影响最大的学术著作。

姜夔是我国古代杰出的词曲作家,他的词调音乐无论在艺术上及思想上都达到了较高水平,并具有独创性。姜夔的词调音乐创作继承了古代民间音乐的传统,对词调音乐的格律、曲式结构及音阶的使用有新的突破,并且形成了独特风格。

姜夔对于音乐史的主要贡献就是留给后人一部有"旁谱"的《白石道人歌曲》六卷,包括他自己的自度曲、古曲及词乐曲调。其代表曲有《扬州慢》、《杏花天影》、《疏影》、《暗香》等,成为南宋唯一词调曲谱传世的杰出音乐家。《白石道人歌曲》是历史上注明作者的珍谱,也是流传至今的唯一一部带有曲谱的宋代歌集,被视作"音乐史上的稀世珍宝",其中有10首祀神曲《越九歌》、1首琴歌《古怨》、17首词体歌曲(又称"曲子词",这些"曲子词"又分为两首填词的古曲《醉吟商·胡渭州》和《霓裳中序第一》)、《王梅令》(这是诗人为范成大所写曲调填词)、14首姜夔自己写的"自度曲"。他突破了词牌前后两段完全一致的套路,使乐曲的发展更为自由,在每首"自度曲"前,他都写有小序说明该曲的创作背景和动机,有的还介绍了演奏手法。

飘荡在扬州上空的《黍离》之悲——《扬州慢》

姜夔能娴熟地运用七声音阶和半音，使曲调显得清越秀丽，这与他独具一格的清刚婉丽、典雅蕴藉的词风结合得天衣无缝。杨万里称其有"裁云缝雾之构思，敲金戛玉之奇声"。

生活清苦。姜夔很小的时候，就跟随父亲到任职地，父亲死后，14岁的姜夔依靠姐姐，在汉川县山阳村度完少年时光，直到成年。一生转徙江湖，靠卖字和朋友接济为生。1202年，自张鉴死后，姜夔生活开始逐年走向困顿。1204年3月，杭州发生火灾，尚书省、中书省、枢密院等政府机构都被延及，二千零七十多家民房也同时遭殃，姜夔的屋舍也在其列，家产图书几乎烧光，这对于姜夔无疑又是一个打击。由于亲朋好友相继故去，姜夔投靠无着，难以为生，60岁之后，还不得不为衣食奔走于金陵、扬州之间。1221年，姜夔去世，他死后靠朋友吴潜等人捐资，才勉强葬于杭州钱塘门外的西马塍，这也是他晚年居住了十多年的地方。

姜夔一生的生活较为清苦，从他的号"白石道人"就可看出。他晚年旅居杭州嘉湖之间，当寓居武康时，与白石洞天为邻，有潘转翁号之曰"白石道人"。姜夔答以诗云："南山仙人何所食，夜夜山中煮白石。世人唤作白石仙，一生费齿不费钱。"用以自解其清苦。

关于扬州。

李白曾在《送孟浩然之广陵》诗中云："故人西辞黄鹤楼，烟花三月下扬州。"徐凝《忆扬州》也说："天下三分明月夜，二分无赖在扬州。"扬州不仅是个物华天宝、人杰地灵的地方，而且还是个闻名中外的历史文化名城，素有淮左名都之誉。这里不仅有"泗水流，汴水流，流到瓜州古渡头"的瓜州古渡头，有风光旖旎的瘦西湖，有京杭大运

——让学生遇见美好

河的邗沟渠。东渡日本传播中国佛教文化的鉴真大师曾经生活在扬州，李白、孟浩然等文化名流也曾踏足这里。扬州有着2500多年的历史，又地处要冲，多富商大贾，可以说富庶甲天下。早在六朝时，就有"腰缠十万贯，骑鹤下扬州"之说，古人认为要想达到人生的顶峰成为神仙，那就去远胜于苏、杭的扬州。而扬州的繁华富庶和灿烂文明，以及美丽的自然风光，牵动了诸多诗人的游兴和情怀。

晚唐时期有一个人和扬州有了密切的关联，他不仅体会了扬州的繁华，更有了浪漫情怀。这就是杜牧，他一生中曾两度在扬州生活过，并做了两年的官，因此对扬州情有独钟，留下了许多脍炙人口的诗句，如"青山隐隐水迢迢，秋尽江南草未凋。二十四桥明月夜，玉人何处教吹箫？"十年一觉扬州梦，赢得青楼薄幸名。""娉娉袅袅十三余，豆蔻梢头二月初。春风十里扬州路，卷上珠帘总不如。""多情却是总无情，唯觉樽前笑不成。蜡烛有心还惜别，替人垂泪到天明。""谁知竹西路，歌吹是扬州。""青苔满阶砌，白鸟故迟留。"杜牧用诗将扬州演绎成绮丽、伤感的故事。几百年后，到南宋词人姜夔生活的时代，扬州城又是怎样的景象呢？让我们一起走进姜夔的《扬州慢》，去感受一下诗人内心的情怀。

扬州慢，词牌名，此词牌是作者自创的，是作者的自度曲注宫调并填旁谱。"慢"指慢曲，依曲调舒缓的慢曲填写词，一般比较长，同长调一样在91字以上。本词是作者21岁路经扬州时有感而作的。

词的小序中交代了什么内容？

时间：淳熙丙申冬至日。冬至，古今异义，现代汉语指节气，表示冬季的开始。而在古代，是一个重要的节日，家人团聚的节日。汉代

飘荡在扬州上空的《黍离》之悲——《扬州慢》

以冬至为"冬节",官府要举行祝贺仪式称为"贺冬",官方例行放假,官场流行互贺的"拜冬"礼俗。《后汉书》中有这样的记载:"冬至前后,君子安身静体,百官绝事,不听政,择吉辰而后省事。"所以这天朝廷上下要放假休息,军队待命,边塞闭关,商旅停业,亲朋各以美食相赠,相互拜访,欢乐地过一个"安身静体"的节日。魏晋六朝时,冬至称为"亚岁",民众要向父母长辈拜节;宋朝以后,冬至逐渐成为祭祀祖先和神灵的节庆活动。唐、宋时期,冬至是祭天祀祖的日子,皇帝在这天要到郊外举行祭天大典,百姓在这一天要向父母尊长祭拜。明、清两代,皇帝均有祭天大典,谓之"冬至郊天"。宫内有百官向皇帝呈递贺表的仪式,而且还要互相投刺祝贺,就像元旦一样。

地点:维扬——扬州的别名。

天气:夜雪初霁——雪过天晴。

心情:怆然——悲凉的心情。

千岩老人对此词的评价:《黍离》之悲——国家沦亡的悲痛。

萧德藻是福建闽清人,绍兴十一年进士,曾官任龙川县丞、湖北参议,后调湖州乌丞县令,擅长作诗,与范成大、杨万里、陆游、尤袤齐名。由于赏识姜夔的才华,他特将自己的侄女许配给姜夔。

《黍离》,《诗经·王风》中的篇名,是周人缅怀故都之作,后借指故国之思。

彼黍离离,彼稷之苗。行迈靡靡,中心摇摇。知我者,谓我心忧,不知我者,谓我何求。悠悠苍天!此何人哉?

彼黍离离,彼稷之穗。行迈靡靡,中心如醉。知我者,谓我心忧,不知我者,谓我何求。悠悠苍天!此何人哉?

——让学生遇见美好

彼黍离离，彼稷之实。行迈靡靡，中心如噎。知我者，谓我心忧，不知我者，谓我何求。悠悠苍天！此何人哉？

平王东迁不久，朝中一位大夫行役至西周都城镐京，即所谓宗周，满目所见，已没有了昔日的城阙宫殿，也没有了都市的繁盛荣华，只有一片郁茂的黍苗尽情地生长，也许偶尔还传来一两声野雉的哀鸣，此情此景，令诗作者不禁悲从中来，涕泪满衫。

教师范读，学生诵读。

这首词如何表现国家沦亡的痛楚之情？

运用了对比的手法。

扬州的过去："过春风十里"，当年扬州繁华不已，楼阁参差、珠帘掩映。"淮左名都，竹西佳处"，是淮东的名城，竹西的风光清幽，是一个美好的地方。

扬州的现在："尽荠麦青青"，一座城市，到处是野草，萧条，冷落。"废池乔木"，战火洗劫之后的扬州，已经成为废弃的空城，衰败、萧条至极。

在扬州生活的杜牧："杜郎俊赏"，"豆蔻词工，青楼梦好"，

晚唐诗人杜牧的扬州诗历来脍炙人口，留下了许多深情的诗句，描绘了扬州的繁盛与美丽。

设想杜牧再到扬州："重到须惊"，"难赋深情"，但如果杜牧重临此地，见到衰败，萧条的景象，必定再也吟不出深情缱绻的诗句。

昔日之景："二十四桥明月夜，玉人何处教吹箫"，月光笼罩的二十四桥上，吹箫的美人披着银辉，宛若洁白光润的玉人，仿佛听到呜咽悠扬的箫声飘散在已凉未寒的江南秋夜，回荡在青山绿水之间。这幅

飘荡在扬州上空的《黍离》之悲——《扬州慢》

用回忆想象织成的月明桥上教吹箫的生活图景，写出了扬州的"江南"水乡特点，此景最能集中体现扬州风光繁华独绝、浪漫美丽。

今日之景："波心荡，冷月无声"，眼下只有一弯冷月、一泓寒水与杜牧倘佯过的二十四桥相伴。二十四桥仍旧，明月依然，但玉人不在，曾经的繁华已去。月亮倒映在水中，不仅水寒，连月也寒。月仿佛像一位见证人一样，见证了扬州城曾经的繁华也见证了如今的衰败，与刘禹锡的"淮水东边旧时日，夜深还过女墙来"有异曲同工之妙，真可谓是"此时无声胜有声"。

这些对比突出了今日扬州城的荒凉、萧条。寄寓着词人昔盛今衰、物是人非的感慨和国家沦亡的痛苦之情。

本词除了对比之外，还运用了什么艺术手法？

运用了拟人的手法。

"废池乔木，犹厌言兵"，毁坏的城池和大树至今仍厌恶谈到战争。物犹如此，人何以堪？此句不仅表达了对战争的厌恶，对敌人的痛恨，对人民的同情，对祖国山河破碎的痛惜之情，更有对当权者的控诉。那场经历战乱的树，每一个年轮就是每一块伤疤，随着时间的流逝，这种痛只会越深越浓。写出了战争带来的伤害，繁华之城毁于战火的痛惜。

虚实结合的手法。

"念桥边红药，年年知为难生"，词人在这里荡开一笔，写二十四桥边的芍药。设想来年春天红药蓬勃生长出来，开出绚丽的花朵，只可惜如此美丽却不知为谁而绽放。无人欣赏，自能自开自落，这种情景就更让人伤感。诗中用物来表达情感的有杜甫的"映阶碧草自春色，隔叶黄鹂空好音", 还有岑参的"庭树不知人去尽, 春来还发旧时花"。写出了词人的寂寞之苦, 痛苦之情。

通感的手法。

"渐黄昏, 清角吹寒, 都在空城", 将听觉转化为触觉。 "清"修饰"角", 有一种特别的味道, 跟"寒""空"用在一起, 表明了扬州的荒凉冷落。"寒"不仅表明号角声在寒气中飘荡, 而且让人内心涌起一股寒流, 让人觉得心寒。"空"字与"潮打空城寂寞回"有相似之处, 表现城池的萧条, 呼应"废池"。

"二十四桥仍在, 波心荡, 冷月无声", 将触觉转化为视觉, 月亮倒映在水中, 连月也寒。用"无声"来写"月", 仿佛月曾经会有声, 她仿佛曾经也被二十四桥繁华热闹的景象被玉人的箫声所感染, 但现如今看到扬州城衰败残破的景象, 她沉默了。

用典的手法。

词中多处化用杜牧的诗句, 如:

谁知竹西路, 歌吹是扬州。

春风十里扬州路, 卷上珠帘总不如。

十年一觉扬州梦, 赢得青楼薄幸名。

二十四桥明月夜, 玉人何处教吹箫?

不凡的植树人——《种树郭橐驼传》

柳宗元是大家非常熟悉的作家，初中学过他的作品《小石潭记》《黔之驴》《捕蛇者说》《江雪》等。现在我们读一下课下注释，了解一下柳宗元：柳宗元与韩愈共同倡导"古文运动"，名列唐宋八大家（散文家）之一；其散文创作大多是寓言、山水游记、传记。

"生命不是人的最高价值"，这句话可以很好地概括柳宗元。

柳宗元（773—819年），字子厚，汉族，河东（现山西运城永济一带）人，唐宋八大家之一，唐代文学家、哲学家、散文家和思想家。世称"柳河东""河东先生"，因官终柳州刺史，又称"柳柳州"。柳宗元与韩愈并称为"韩柳"，与刘禹锡并称"刘柳"，与王维、孟浩然、韦应物并称"王孟韦柳"。

柳宗元出生于世代为官的家庭，他的祖籍是河东郡（河东柳氏与河东薛氏、河东裴氏并称"河东三著姓"），祖上世代为官（七世祖柳庆为北魏侍中，封济阴公。柳宗元的堂高伯祖柳奭曾为宰相，曾祖父柳从裕、祖父柳察躬都做过县令）。其父柳镇曾任侍御史等职。柳宗元的母亲卢氏属范阳卢氏，祖上世代为官。773年，柳宗元出生于京城长安。4岁时，母亲卢氏和他住在京西庄园里，母亲的启蒙教育使柳宗元对知识产生了强烈的兴趣。柳宗元的幼年在长安度过，因此对朝廷的腐败无能、社会的危机与动荡有所见闻和感受。9岁时遭遇建中之乱，建中四年，柳宗元为避战乱来到父亲的任所夏口。年仅12岁的柳宗元在这时也亲历了藩镇割据的战火。785年（贞元元年），柳镇到江西做官。柳宗元随父亲宦游，直接接触到社会，增长了见识。他参与社交，结友纳朋，并受到人们的重视。不久，他回到了长安。父亲柳镇长期任职于府、县，对现实社会情况有所了解，并养成了积极用世的态度和刚直不阿的品德。能诗善文的父亲和信佛的母亲为他后来"统合儒佛"思想的形成奠定了基础。因此以经世致用为自己的人生目标。

柳宗元的人生可以分为两个阶段。

柳宗元的前段人生可谓"一帆风顺"，"三十老明经，五十少进士"，唐代选拔人才的方式是多种多样的。792年，柳宗元被选为乡贡，得以参加进士科考试。793年，21岁的柳宗元进士及第，名声大震。不久，柳宗元的父亲柳镇去世，柳宗元在家守丧。796年，柳宗元被安排到秘书省任校书郎。798年，26岁的柳宗元参加了"博学宏词科"考试，并中榜，授集贤殿书院正字（官阶从九品上）。801年，29岁的柳宗元被任命为蓝田尉（正六品）。803年10月，柳宗元被调回长安，任监察御史里行。从此与官场上层人物交游更广泛，对政治的黑暗腐败有了更深入的了解，逐渐萌发了要求改革的愿望，成为王叔文革新派的重要人物。805年（贞元二十一年）1月26日，唐德宗驾崩，皇太子李诵继位，改元永贞，即顺宗。顺宗即位后，重用王伾、王叔文等人。柳宗元由于与王叔文等政见相同，也被提拔为礼部员外郎，掌管礼仪、享祭和贡举。

此时，在王叔文周围还有许多相同政见的政治人物，包括韩泰、韩

不凡的植树人——《种树郭橐驼传》

晔、刘禹锡、陈谏、凌准、程异、陆质、吕温、李景俭、房启等人，他们形成了一个政治集团。王叔文等掌管朝政后，积极推行革新，采取了一系列的改革措施，史称"永贞革新"。

随着顺宗的病情加重，以俱文珍为首的宦官集团和一些朝臣联合外藩联合反对改革派，向朝廷施加压力，要其引退。

805年（永贞元年）4月，宦官俱文珍、刘光琦、薛盈珍等立广陵郡王李淳为太子，改名李纯。5月，王叔文被削翰林学士一职。7月，宦官及大臣请太子监国。同月，王叔文因母丧回家守丧。8月5日，顺宗被迫禅让帝位给太子李纯，史称"永贞内禅"。李纯即位，即宪宗。宪宗一即位就打击以王叔文和王伾为首的政治集团。8月6日，贬王叔文为渝州司户，王伾为开州司马，王伾到任不久后病死，王叔文不久也被赐死。永贞革新宣告失败，前后共186天。

永贞革新失败后，9月，柳宗元被贬为邵州刺史，11月，在赴任途中，柳宗元被加贬为永州司马。王叔文政治集团的其他人也被贬为远州的司马，后称"二王八司马"。不仅被贬，朝廷还规定柳宗元"终身不得量移"，这相当于是政治生涯上被判了死刑。到职后的柳宗元暂居在龙兴寺，经过半年，柳宗元的母亲因病去世。

815年，柳宗元离开永州，生活在永州的10年中，柳宗元在哲学、政治、历史、文学等方面进行钻研，并游历永州山水，结交当地士子和贤人，他写下《永州八记》（《柳河东全集》的540多篇诗文中有317篇创作于永州）。

815年（元和十年）1月，柳宗元接到诏书，要他立即回京。2月，经过一个多月的跋涉，柳宗元回到了长安。在长安，柳宗元没有受到重用，由于武元衡等人的仇视，不同意重新起用。3月14日，柳宗元被改贬为柳州刺史。3月底，柳宗元从长安出发，赴柳州，6月27日抵达。819年（元和十四年），宪宗实行大赦，宪宗在裴度的说服下，敕召柳宗元回京。十一月初八，柳宗元在柳州因病去世，享年47岁。

"国家不幸诗家幸""苦难出诗人"，这些生命历程中经历的坎坷磨难对于柳宗元的生命个体来说是不幸的，但从人生价值的角度来看，又是幸运的。

柳宗元一生留下600多篇诗文作品，文的成就大于诗。其骈文有近百篇，古文大致为六类。

1.论说：包括哲学、政论等文及以议论为主的杂文。笔锋犀利，论证精确。《天说》为哲学论文代表作。《封建论》《断刑论》为长篇和中篇政论代表作。《晋文公问守原议》《桐叶封弟辩》《伊尹五就桀赞》等为短篇政论代表。其哲学思想中具有朴素的唯物论成分。其政治思想主要表现为重"势"的进步社会历史观和儒家的民本思想。但也受佛教影响，尤其是政治失意时，往往向佛教寻找精神上的解脱。

柳宗元是一个政治革新的人，推崇"古文运动"。柳宗元的哲学论著中，对汉代大儒董仲舒鼓吹的"夏商周三代受命之符"的符命说持否定态度。他反对天诸说，批判神学，强调人事，用"人"来代替"神"。柳宗元把对神学的批判变成对政治的批判，用唯物主义观点解说"天人之际"即天和人的关系，对唯心主义天命论进行批判。他的哲学思想，是同当时社会生产力的发展、自然科学所达到的水平相适应的。他把古代朴素唯物主义无神论思想发展到了一个新的高度，是中唐时代杰出的思想家。

不凡的植树人——《种树郭橐驼传》

柳宗元所写的一些关于社会政治的论著，是他的政治思想的具体反映，是他参与政治斗争的一种手段。柳宗元认为整个社会历史是一个自然发展的过程，有其不以人们的意志为转移的客观发展的必然趋势。他的言论从折中调和的立场，对儒、法、释、道等各家学说作调和的解说。

柳宗元一生好佛，他曾说："吾自幼好佛，求其道，积三十年。"这三十多年大致可分为幼时的盲目、为政时期的附会时尚和贬官后的自觉三个阶段。他在长安应举和为政时期，曾与文畅等出入官场文坛的僧侣结交，很欣赏晋宋以来名家人与和尚支道林、释道安、慧远、慧休的关系，并极力称赞那些与自己同时代人的那种"服勤圣人之教，尊礼浮图之事"的亦儒亦佛的生活。柳宗元认为："佛之道，大而多容，凡有志于物外而耻制于世者，则思入焉。"这正是他改革失败后被贬永州的真实心理状态。于是，"自肆于山水间"，更有意识地从自然山水中寻找慰藉，以排解心中的郁结。

柳宗元绝不是生性淡泊之人，他对待人生的态度是积极执着的。他虽然好佛，但他的思想基本上还是儒家的。他一生有两项重大活动：一是参与永贞革新，一是领导古文运动。这二者都与他复兴儒学、佐世致用的思想有关。他既身体力行了"励材能，兴功力，致大康于民，垂不灭之声"的政治理想，又明确提出"文者以明道""辅时及物"的主张和以儒家经典为"取道之源"的原则。

尽管柳宗元自称"自幼好佛"，天台宗也把他列为重巽的俗家弟子。但他却不是一个虔诚的佛教徒，他博采众家，苏轼赞许他"儒释兼通、道学纯备"。他对佛教的接受，主要是领会佛教义理，以图"统合儒释"，把佛教思想纳入儒家思想体系。

2.寓言:继承并发展了《庄子》《韩非子》《吕氏春秋》《列子》《战国策》传统，多用来讽刺、抨击当时社会的丑恶现象。推陈出新，造意奇特，善用各种动物拟人化的艺术形象寄寓哲理或表达政见。代表作有《三戒》(《临江之麋》《黔之驴》《永某氏之鼠》)《传》《罴说》等篇。嬉笑怒骂，因物肖形，表现了高度的幽默讽刺艺术。

3.传记:继承了《史记》《汉书》传统，又有所创新，代表作有《段太尉逸事状》《梓人传》《河间传》《捕蛇者说》等，有些作品在真人真事基础上有夸张虚构，似寓言又似小说，如《宋清传》《种树郭橐驼传》。

4.山水游记:最为脍炙人口，均写于被贬后，以永州之作更胜。典范之作为《始得西山宴游记》《钴潭记》《钴潭西小丘记》《至小丘西小石潭记》《袁家渴记》《石渠记》《石涧记》《小石城山记》。作品中既有借美好景物寄寓自己的遭遇和怨愤，也有作者幽静心境的描写，表现在极度苦闷中转而追求精神的寄托。至于直接刻画山水景色，则或峭拔峻洁，或清邃奇丽，以精巧的语言再现自然美。

在游记、寓言等方面，柳宗元同样为后世留下了优秀的作品。"永州八记"已成为我国古代山水游记名作。这些优美的山水游记，生动表达了人对自然美的感受，丰富了古典散文反映生活的新领域，从而确立了山水记作为独立的文学体裁在文学史上的地位。因其艺术上的成就，被人们千古传诵、推崇备至。除寓言诗外，柳宗元还写了不少寓言故事，《黔之驴》《永某氏之鼠》等，也已成古代寓言名篇。"黔驴技穷"，已成成语，几乎尽人皆知。有的寓言篇幅虽短，但也同他的山水记一样，被千古传诵。

不凡的植树人——《种树郭橐驼传》

5.诗词骚赋:独具特色。代表作《惩咎赋》《闵生赋》《梦归赋》《囚山赋》等，均用《离骚》《九章》体式。或直抒胸臆，或借古自伤，或寓言寄讽，幽思苦语，深得屈骚精髓。《天对》《晋问》两巨篇，则为另一种类型，形式仿照《天问》《七发》，造语奇特深奥。此外，柳集中也有不少有关佛教的碑、铭、记、序、诗歌等作品，对禅宗、天台宗、律宗等学说有所涉及。柳诗现存140多首，均为贬谪后所作。前人把他与王维、孟浩然、韦应物并称王孟韦柳。其部分五古思想内容近于陶渊明诗，语言朴素自然，风格淡雅而意味深长。另外一些五古则受谢灵运影响，造语精妙，间杂玄理，连制题也学谢诗。但柳诗能于清丽中蕴藏幽怨，同中有异。柳诗还有以慷慨悲健见长的律诗，如《登柳州城楼寄漳汀封连四州》为唐代七律名篇，《江雪》《渔翁》《溪居》在唐人绝句中也是不可多得之作。

柳宗元的诗，共集中140余首，在大家辈出、百花争艳的唐代诗坛上，是存诗较少的一个，但却多有传世之作。他在自己独特的生活经历和思想感受的基础上，借鉴前人的艺术经验，发挥自己的创作才华，创造出一种独特的艺术风格，成为代表当时一个流派的杰出诗才。苏轼评价说:"所贵乎枯谈者，谓其外枯而中膏，似淡而实美，渊明、子厚之流是也。"把柳宗元和陶渊明并列。现存柳宗元诗，绝大部分是贬官永州以后作品，题材广泛，体裁多样。他的叙事诗文笔质朴，描写生动，寓言诗形象鲜明，寓意深刻，抒情诗更善于用清新峻爽的文笔，委婉深曲地抒写自己的心情。不论何种体裁，都写得精工密致，韵味深长，在简淡的格调中表现极其沉厚的感情，呈现一种独特的面貌。因他是一位关心现实、同情人民的诗人，所以无论写什么题材，都能写出具有社会意义和艺术价值的诗篇。

宋人严羽说："唐人惟子厚深得骚学。"此论相当中肯。柳宗元的辞赋继承和发扬了屈原辞赋的传统。他的辞赋，不仅利用了传统的形式，而且继承了屈原的精神。这或者是因为两人虽隔千载，但无论是思想、遭遇，还是志向、品格，都有相通之处。《旧唐书》本传云柳宗元"既罹窜逐，涉履蛮瘴，崎岖堙。蕴骚人之郁悼，写情叙事，动必以文，为骚文数十篇，览之者为之凄恻"。与屈原之作辞赋，何其相似。柳宗元的"九赋"和"十骚"，确为唐代赋体文学作品中的佳作，无论侧重于陈情，还是侧重于咏物，都感情真挚，内容充实。

柳宗元的散文，与韩愈齐名，韩柳二人与宋代的欧阳修、苏轼等并称为"唐宋八大家"，堪称我国历史上最杰出的散文家。唐中叶，柳宗元和韩愈在文坛上发起和领导了一场古文运动。他们提出了一系列思想理论和文学主张。在文章内容上，针对骈文不重内容、空洞无物的弊病，提出"文道合一"、"以文明道"。要求文章反映现实，"不平则鸣"，富于革除时弊的批判精神。文章形式上，提出要革新文体，突破骈文束缚，句式长短不拘，并要求革新语言"务去陈言"、"辞必己出"。此外，还指出先"立行"再"立言"。这是一种进步的文学主张。韩柳二人在创作实践中身体力行，创作了许多内容丰富、技巧纯熟、语言精练生动的优秀散文。韩柳的古文运动对后世产生了深远的影响。

6.作品集:刘禹锡始编柳集《河东先生集》。宋代注本较多，韩醇《诂训柳先生文集》为现存柳集最早本子。明蒋之翘辑注有《柳河东集》。事迹见韩愈《柳子厚墓志铭》，新、旧《唐书》本传，文安礼《柳先生年谱》。

不凡的植树人——《种树郭橐驼传》

因此，人们对柳宗元有如下评价。

苏轼："所贵乎枯谈者，谓其外枯而中膏，似淡而实美，渊明、子厚之流是也。"

欧阳修："天于生子厚，禀予独艰哉。超凌骤拔擢，过盛辄伤摧。苦其危虑心，常使鸣心哀。投以空旷地，纵横放天才。山穷与水险，上下极沿洄。故其于文章，出语多崔嵬。"

严羽："唐人惟子厚深得骚学。"

毛泽东："柳宗元是一位唯物主义哲学家，见之于他的《天说》，这篇哲学论著提出了'天与人交相胜'的论点反对天命论。刘禹锡发展了这种唯物主义。"

从柳宗元和刘禹锡的对比，再看柳宗元。

刘禹锡贞元九年（793年），与柳宗元同榜进士及第，同年登博学鸿词科。在贞元二十一年（805年）和柳宗元一道成为永贞革新集团的核心人物，也与柳宗元等八人先被贬为远州司马。元和九年十二月（815年2月），刘禹锡与柳宗元等人一起奉召回京。但不久又被贬谪到更远的播州去当刺史，幸有裴度、柳宗元诸人帮助，改为连州刺史。刘禹锡在连州近五年。元和十一年三月（817年2月），刘禹锡写了《元和十年自朗州召至京戏赠看花诸君子》诗：

紫陌红尘拂面来，无人不道看花回。

玄都观里桃千树，尽是刘郎去后栽。

这首诗，就是他从朗州回到长安时所写的，表面上是描写人们去玄都观看桃花的情景，骨子里却是讽刺当时权贵的。从表面上看，前两句是写看花的盛况，人物众多，来往繁忙，而为了要突出这些现象，

——让学生遇见美好

就先从描绘京城的道路着笔。一路上草木葱茏，尘土飞扬，衬托出了大道上人马喧阗、川流不息的盛况。写看花，又不写去而只写回，并以"无人不道"四字来形容人们看花以后归途中的满足心情和愉快神态，则桃花之繁荣美好，不用直接赞以一词了。

它不写花本身之动人，而只写看花的人为花所动，真是又巧妙又简练。后两句由物及人，关合到自己的境遇。玄都观里这些如此吸引人的、如此众多的桃花，自己十年前在长安的时候，根本还没有。去国十年，后栽的桃树都长大了，并且开花了，因此，回到京城，看到的又是另外一番春色，真是"树犹如此，人何以堪"了。

再就此诗骨子里面的，即其所寄托的意思来看，则千树桃花，也就是十年以来由于投机取巧而在政治上愈来愈得意的新贵，而看花的人，则是那些趋炎附势、攀高结贵之徒。他们为了富贵利禄，奔走权门，就如同在紫陌红尘之中，赶着热闹去看桃花一样。

结句指出：这些似乎了不起的新贵们，也不过是自己被排挤出外以后被提拔起来的罢了。他这种轻蔑和讽刺是有力量的，辛辣的，使他的政敌感到非常难受。所以此诗一出，作者及其战友们便立即受到打击报复了。由于刺痛了当权者，他和柳宗元等再度被派为远州刺史。官是升了，政治环境却无改善。

宝历二年（826年）奉调回洛阳，任职于东都尚书省。从初次被贬到这时，前后共历二十三年。大和元年，刘禹锡任东都尚书。次年回朝任主客郎中写了《再游玄都观绝句》，表现了屡遭打击而始终不屈的意志。

不凡的植树人——《种树郭橐驼传》

再游玄都观

余贞元二十一年为屯田员外郎,时此观未有花木。是岁,出牧连州,寻贬朗州司马。居十年,召至京师,人人皆言有道士手植仙桃,满观如红霞,遂有前篇以志一时之事。旋又出牧,于今十有四年,复为主客郎中。重游玄都,荡然无复一树,唯兔葵燕麦动摇于春风耳。因再题二十八字,以俟后游。时大和二年三月。

　　百亩中庭半是苔,桃花净尽菜花开。

　　种桃道士归何处?前度刘郎今又来。

贞元二十一年我作屯田员外郎,当时这个观里没有花。那年贬我出去做连州刺史,不久又贬为朗州司马。过了十年,召我回京,人人都说有道士亲手栽植了仙桃,满观如红霞,于是才有前首诗以记一时之事。接着又派出做刺史,现在十四年了,我又回来做主客郎中。重游玄都观,空空荡荡的连一株树也没有了,只有兔葵燕麦在春风中摆动。因此再题二十八个字以等待后来的游人指教。大和二年三月。

百亩庭院中大半长的是青苔,桃花开完之后菜花接着又开。

当年种桃树的道士身归何处?曾在此赏花的刘郎今日又来。

《再游玄都观》作于唐文宗大和二年(828年),此诗可以算是《元和十年自朗州至京戏赠看花诸君子》的续篇。十四年前,刘禹锡因赋玄都观诗开罪于权相武元衡,被远窜岭南。十四年后,刘禹锡"复为主客郎中",再次回到了长安。这时,武元衡已死了十四年了。刘禹锡重提旧事,再咏玄都,对武元衡等显然是一种嘲笑和鞭挞。

序文说得很清楚,诗人因写了看花诗讽刺权贵,再度被贬,一直过了十四年，才又被召回长安任职。在这十四年中，皇帝由宪宗、穆宗、敬宗而文宗，换了四个，人事变迁很大，但政治斗争仍在继续。作者写这首诗，是有意重提旧事，向打击他的权贵挑战，表示决不因为屡遭报复就屈服妥协。

和《元和十年自朗州至京戏赠看花诸君子》一样，此诗仍用比体。从表面上看，它只是写玄都观中桃花之盛衰存亡。道观中非常宽阔的广场已经一半长满了青苔。经常有人迹的地方，青苔是长不起来的。百亩广场，半是青苔，说明其地已无人来游赏了。"如红霞"的满观桃花，"荡然无复一树，唯兔葵燕麦动摇于春风耳"，而代替了它的，乃是不足以供观览的菜花。这两句写出一片荒凉的景色，并且是经过繁盛以后的荒凉。与《元和十年自朗州至京戏赠看花诸君子》之"玄都观里桃千树"，"无人不道看花回"，形成强烈的对照，使人们清楚地看到了玄都观的盛衰变化。

下两句由花事之变迁，关合到自己之升沉进退，因此连着想到：不仅桃花无存，游人绝迹，就是那一位辛勤种桃的道士也不知所终，用反诘的句式把玄都观的今昔写足。玄都观里连"种桃道士"都不知哪儿去了，其荒凉破败到何等程度自然是可以想见的了。因为第三句是无疑而问，所以第四句不作正面回答，没说种桃道士到底归何处了，而说上次看花题诗，因而被贬的刘禹锡现在倒又回到长安，并且重游旧地了。这一切，是不能预料的。这两句虽然作了转折，但转折得一点也不突然，衔接得十分紧密，言下有无穷的感慨。

再就其寄托的意思看，以桃花比作诗人的政敌武元衡等达官显宦们，与《元和十年自朗州至京戏赠看花诸君子》相同。种桃道士则指

不凡的植树人——《种树郭橐驼传》

打击当时革新运动的当权派。这些人，经过二十多年，有的死了，有的失势了，因而被他们提拔起来的新贵也就跟着改变了他们原有的煊赫声势，让位于另外一些人，而"桃花净尽"四个字力透纸背，对武元衡等人进行了无情的鞭挞。桃花之所以净尽，正是"种桃道士归何处"的结果。

从开成元年（836年）开始，改任太子宾客、秘书监分司东都的闲职。会昌二年（842年）病卒于洛阳，享年71岁。

柳宗元、刘禹锡同为"永贞革新"政治运动的骨干，革新失败后同时被贬。两人年龄相当，经历、思想、成就和遭遇极其相似。但柳宗元由于受贬后深感失落和抑郁，47岁卒于柳州。而刘禹锡性格开朗，遇挫折比较达观，能随遇而安，而且敢于发泄，活到了71岁，晚年还被召回任太子宾客。相似的命运，却有着不同长度的生命里程，缘何？有"诗豪"之称刘禹锡的性格开朗、达观，随遇而安；刘禹锡交游广泛、圆通，淡化了孤寂和仇愤。面对被召回京，柳宗元是怀揣希望而来，满带失望而归，自然抑郁而终，英年早逝。而刘禹锡就是一块"硬骨头"，对朝堂的奸佞小人有着清醒的认识，不仅不会笑靥以待，反而写诗加以讽刺、影射，确实是"水中的盐，骨中的钙，云中的光"。面对生活中的一切磨难，均以乐观、达观应对，自然长寿。所以说："在文学的范畴里，说他们各有千秋，难分伯仲，这话不错，但是从为人处事来说，还是刘禹锡更令人击节。穷愁困苦的环境里，抑郁和纠结是烈性毒药，是迫害者的帮凶，只有乐观豁达者才能生存。人生在世，不如意十常八九，做人当学刘禹锡。"

席勒说：生命不是人的最高价值。对此，宗白华解释说：生活严肃的人，怀抱着理，不愿自欺欺人，在人生里面体验到不可解救的矛盾，永难调和的冲突。然而愈矛盾则体验愈深，生命的境界愈丰满浓郁，在生活悲壮的冲突里愈能显露出人生与世界的"深度"。柳宗元的人生的确是坎坷而不幸的的悲剧，这个悲剧象一个祭坛，将诗人的生命和血肉献祭给残忍的命运之神，但是，也正因为这昂贵的献祭，使诗人得到了比生命更有价值的东西。

中国少了一位本应有所成就的政治家，但是多了一个高傲而潇洒的诗人，一位孤独而沉寂的哲人。

现在，让我们走进这位哲人的《种树郭橐驼传》

《种树郭橐驼传》是一篇寓言类的传记，寓意于言，通过讲故事来阐明道理。本文是通过谈论种树之理，来阐明治国之道的。

本文名"传"，实际上是一个讽喻性极强的寓言故事，是柳宗元早年在长安任职时的作品。郭橐驼种树的本事已不可考，后世学者多认为这是设事明理之作。本文是针对当时官吏繁政扰民的现象而为言的。中唐时期，豪强地主兼并掠夺土地日益严重，"富者兼地数万亩，贫者无容足之居"。仅有一点土地的农民，除了交纳正常的捐粟外，还要承受地方军政长官摊派下来的各种杂税。据《旧唐书·食货志》记载，各地官僚为巩固自己的地位，竞相向朝廷进奉，加紧对下层的盘剥，于是"通津达道者税之，蒔蔬艺果者税之，死亡者税之"，民不聊生。这就是柳宗元写作本文的社会背景。所以，柳宗元借郭橐驼之口，用"顺木之天以致其性"的养树方法，委婉含蓄地说明顺民之性以养民的道理，揭露并讽刺了统治者的苛政烦令对百姓的骚扰侵害，提出宽简为政，让百姓安居乐业的主张。

不凡的植树人——《种树郭橐驼传》

齐读课文，结合课下注释，解决生字生词的问题。

研读课文，逐段分析。

同桌互译第一、二段。

第1段：仿史传体例，介绍人物身世。简介郭橐驼的形象特征及名号来历。特点：残疾，即"病偻"，背驼；出身卑微，即"不知始何人"，他的本名已经无人知晓。通过其语言"甚善，名我固当"可以看出此人豁达、豪爽，没有把别人嘲讽意味的名号当回事，反而欣然接受。

第2段：介绍了郭橐驼的籍贯及其以种树为职业。

问：本段是如何道出郭橐驼在种树方面的才能的？

明确：柳宗元通过正面描写与侧面描写相结合的方法来展现郭橐驼才能。先说橐驼种树为他带来的"际遇"——"争迎取养"，再说他身手不凡。说欢迎他的人，举了两种有代表性的。一是搞观赏游玩的(精神方面)，一是种树卖果的(物质方面)。这两种需求所种之树是大不相同的，因而暗示出橐驼技术的全面。说他技艺高超，点出了两个方面。一是他种的树不怕"移徙"，有"树挪活"的神奇；二是他种的树具有全优的品质，枝繁叶茂，早熟多果。最后用效仿者虽"窥伺效慕，莫能如也"点染一笔，更增加玄妙气氛。

郭橐驼为什么种树种得如此之好，齐读第三段，同桌两人互译。

第3段：郭橐驼谈种树经验。

问：郭橐驼是如何种树的？有什么样的方法？

郭橐驼总结的种树方法是："凡植木之性，其本欲舒，其培欲平，其土如故，其筑欲密。其莳也若子。"他认为种完后应该采取的态度是"勿动勿虑，去不复顾。其置也若弃。"郭橐驼正是顺着树木的自然性

——让学生遇见美好

格栽种，从而保护了它的生机，因而收到"天者全而其性得"的理想效果。正如他对自己的评价一样，"吾不害其长而已，非有能硕茂之也；不抑耗其实而已，非有能早而蕃之也"。其他种树的人违背树木的本性，种树时"根拳而土易，其培之也，若不过焉则不及"。因此遭致"木之性日以离"的恶果。

总结：对比手法的运用。

己植：种植得当，管理得善——顺木之天，以致其性。

他植：种植不当，管理不善——逆木之本性，勤虑害树。

迁移：岂独树乎？十年树木，百年树人，种树与养人有相似的地方。例如家长对孩子的爱。

2008年全国高考作文：南太平洋小岛上，有很多绿海龟孵化小龟的沙穴。一天黄昏，一只幼龟探头探脑地爬出来。一只老鹰直冲下来要叼走它。一位好心的游客发现了它，连忙跑过去赶走老鹰，护着小龟爬进大海。可是，意想不到的事情发生了，沙穴里成群的幼龟鱼贯而出——原来，先出来的那幼龟是个"侦查兵"，一旦遇到危险，它便缩回去，现在它安全到达大海，错误的信息使幼龟们争先恐后地爬到毫无遮挡的海滩。好心的游客走了，原先那只在等待时机的老鹰又飞回来了，其他老鹰也跟过来了……

漫画内容：画面上是一棵大树和两棵小树，枝繁叶茂的大树下面，左右各一棵小树。一棵小树细小瘦弱，另一棵小树歪斜倾倒。

哲理故事：有一个人一天在路上看到一只蚕茧，就把它带回家想观察蝴蝶的破茧而出。有一天小蝴蝶终于开始蠕动了，这个人就坐下，细细观察起蝴蝶用身躯艰难冲破蚕茧的过程。然而好几个小时过去了，

不凡的植树人——《种树郭橐驼传》

似乎还是毫无进展，小蝴蝶好像卡在茧中无法挣脱出来。这个好心人决定出手相助，他用剪刀剪开了蚕茧，帮助小蝴蝶顺利地脱壳而出。但它的身躯如此瘦小和蜷曲，翅膀布满皱褶。好心人继续观察着小蝴蝶，希望能看到它展翅高飞的那一刻。但事与愿违，小蝴蝶生命的剩余时间只能拖动着蜷曲的身躯，根本无力飞翔。

总结：自然万物都有其生长规律，应顺之，不应逆之。

齐读第四段，把种树之道与为官之道联系在一起。

第4段，从郭橐驼口中发出治国安民的议论，在问答中将话题"移植"到政事上来。

"问者"问"养树"后，提出了"以子之道，移之官理"的建议。即建议把种树管树之理引申到吏治上去。文章先简要地用几句加以概括："好烦其令，若甚怜焉，而卒以祸。"接着用铺陈的手法，把"吏治不善"的种种表现加以集中，加以典型化，且有言有行，刻画细致入微，入木三分。如写官吏们大声吆喝，驱使人民劳作，一连用了两个"尔"，五个"而"和七个动词，把俗吏来乡，鸡犬不宁的景象描绘得淋漓尽致。

类比手法的运用。

养树：勤虑害树

治民：烦政扰民

小结：尊重客观规律，并按客观规律办事。

总结：本文运用了对比和类比的写法。对比可以突出事物的特点，显现事物的差别，加强说理的力度，甚至收到不言自明的功效。本文中的对比，有叙事性的，如两种种树方法的对比；有论述性的，如郭橐驼对自己种树方法的归纳和对"他植者"的批评。类比就是互相照应的写法,通过上下文内容或语意的遥相呼应,来强化表达效果。本文先谈"养树"后论"养人",把有关树和人的话题合而为一,互相补充。

第5段,写问者的意外收获及作传目的。

表明了作者作传的真正意图是警示上层统治者清肃吏治,顺应老百姓的生活习惯和生产规律,让他们休养生息,在元气大伤后得到喘息恢复的机会。

问:真有郭橐驼此人吗? 为什么?

这是一篇寓言故事,是为了设事说理,所以人物不一定是现实生活中存在的人物,只是用传记的形式,通过故事进行劝诫。以主客问答的方式,形成委婉、含蓄而讽刺的风格,揭示了吏治的弊端。

附1:永贞革新的历史背景及其革新措施

宦官专权:宦官擅权始于唐玄宗朝的高力士,经过唐肃宗、唐代宗二朝,又有所发展;到了唐德宗晚年,竟然连京师的精锐部队神策军都交给宦官掌握了。

安史之乱后,君主不信朝臣,宦官得以干政。肃宗时的李辅国,代宗时的程元振、鱼朝恩,以宦官执掌兵符,权力更大。唐德宗出奔奉天,因窦文场、霍仙鸣护驾有功,归以二人为神策中尉,宦官主管禁军遂成为制度。此后,宦官以军权在手,无所顾忌,干政益甚,宦官专权使得朝政更加腐败。在这种情况下,如何抑制宦官势力,夺回国家军权,成为唐王朝君臣必须正视的问题。

不凡的植树人——《种树郭橐驼传》

藩镇割据：安史乱后，中央对地方失控，逐渐形成藩镇割据的局面。唐德宗时期，藩镇割据的形势日益严峻。而藩镇之乱，也此起彼伏，迄无宁日。建中四年（783年）十月，泾原兵奉前卢龙节度使朱泚为主，大举造反，唐德宗被迫出奔奉天，转走梁州，直到兴元元年（784年）七月，才得以重返长安。此后，长安又屡遭藩镇围困，犹如一座危城。在这种情况下，如何抑制藩镇势力，重建中央集权，成为唐王朝君臣亟待解决的问题。

朋党之争：唐代统治阶级在武则天没有破坏"关中本位政策"以前，除了关陇集团以外，大抵是山东士族、外廷士大夫他们这些人。武则天执政以后专尚进士科，提拔了一批寒俊。到了唐德宗末年、唐顺宗时期，已形成了南方寒俊与原来的关中士族、山东士族相抗衡的局面。南方寒俊与北方士族之间的矛盾越来越尖锐，朋党之争的形势渐渐形成。

主要采取的革新措施有：①抑制藩镇势力，加强中央的权力。剑南西川节度使韦皋，派刘辟到京都对王叔文进行威胁利诱，想完全领有剑南三川（剑南西川、东川及山南西道合称三川），以扩大割据地盘。王叔文拒绝了韦皋的要求，并要斩刘辟，刘辟狼狈逃走。裁减宫中闲杂人员，停发内侍郭忠政等19人俸钱，革新派还计划从宦官手中夺回禁军兵权，革新派任用老将范希朝为京西神策诸军节度使，用韩泰为神策行营行军司马。②废除宫市，罢黜雕坊、鹘坊、鹞坊、狗坊、鹰坊的宦官（称为五坊小儿）。唐德宗以来，宦官经常借为皇宫采办物品为名，在街市上以买物为名，公开抢掠，称为宫市。白居易《卖炭翁》就是对宫市的控诉。早在顺宗做太子时，就想对德宗建议取消宫市，

——让学生遇见美好

当时王叔文害怕德宗怀疑太子收买人心，而危及太子的地位，所以劝阻了顺宗。永贞年间，宫市制度被取消。充任五坊（即雕坊、鹘坊、鹞坊、鹰坊、狗坊）小使臣的宦官，也常以捕贡奉鸟雀为名，对百姓进行讹诈。五坊使也被取消。这二项弊政被取消，因而人心大悦。③贬斥贪官污吏。浙西观察使李锜，原先兼任诸道转运盐铁使，趁机贪污，史书称他"盐铁之利，积于私室"。王叔文当政后，罢去他的转运盐铁使之职。京兆尹李实，是唐朝皇族，封为道王，专横残暴。贞元年间，关中大旱，他却虚报为丰收，强迫农民照常纳税，逼得百姓拆毁房屋，变卖瓦木，买粮食纳税。百姓恨之入骨，王叔文等罢去其京兆尹官职，贬为通州长史。④整顿税收，废除地方官吏和地方盐铁使的额外进奉。节度使通过进奉钱物，讨好皇帝，有的每月进贡一次，称为月进，有的每日进奉一次，称为日进，后来州刺史，甚至幕僚也都效仿，向皇帝进奉。唐德宗时，每年收到的进奉钱多则50万缗，少也不下30万缗，贪官们以进奉为名，向人民搜刮财富，革新派上台后，通过唐顺宗下令，除规定的常贡外，不许别有进奉。⑤放出宫女300人、教坊女乐600百人还家，与家人团聚。

附2:《种树郭橐驼传》文言语法现象举例

一、通假字

1.非有能蚤而蕃之也("蚤"通"早")

2.蚤缲而绪；蚤织而缕；字而幼孩；遂而鸡豚("而"通"尔"，你们的)

不凡的植树人——《种树郭橐驼传》

3.其实雠之("雠"通"仇"，仇视)

4.根拳而土易（"拳"通"蜷"，蜷曲）

二、古今异义

1.故乡人号之"驼"(故，所以；乡，乡里)

2.不抑耗其实而已(其，它们；实，果实)

3.其实害之(其，那；实，实际上)

4.见长人者好烦其令(长，管理；人，百姓)

5.字而幼孩（字，抚育；而，你，你们）

6.得养人术(养，治理；人，百姓)

三、一词多义

1.虽:他植者虽窥伺效慕（即使，连词）

虽曰爱之（虽然，连词）

2.故:其土欲故（旧，形容词）

故不我若也（所以，连词）

3.实:早实以蕃（结果实，动词）

不抑耗其实而已（果实，名词）

其实害之（实际上，副词）

4.若:其置也若弃（像，动词）

若不过焉则不及（如果，连词）

故不我若也（如，连词）

5.然:隆然伏行（……的样子，助词）

既然已（这样，副词）

然吾居乡（然而，连词）

6.病:病偻（害了……病，动词）

故病且怠（困苦，形容词）

7.者:有类橐驼者（的样子，助词）

他植者则不然（的人，助词）

则与吾业者（的职业，名词）

8.以:以致其性焉尔（来，连词）

早实以蕃（不译，连词）

以子之道，移之官理（把，介词）

9.而:鸣鼓而聚之（表承接，连词）

字而幼孩（你，代词）

且视而暮抚（表并列，连词）

而木之性日以离矣（表转折，连词）

10.且:无不活，且硕茂（而且，连词）

吾小人辍飧饔以劳吏者且不得暇（尚且、还，连词）

故病且怠（既……又，表示并列关系，连词）

11.业:驼业种树(以……为职业、从事于，动词)

理，非吾业也（职业，名词）

四、词类活用

1.名词作动词

(1)不知始何名(叫)

(2)病偻(生……病)

(3)名我固当(命名)

(4)蚤实以蕃(结果实)

不凡的植树人——《种树郭橐驼传》

(5)橐驼非不能使木寿且孳也(活得长久)

(6)其莳也，若子(抚育子女)

(7)爪其肤以验其生枯(用手指甲抓)

(8)传其事(记载)(《知识》H版归入"为动用法"，为……写传)

(9)其筑欲密(用杵捣)

(10)吾小人辍飧饔以劳吏者且不得暇(飧，吃晚饭;饔，吃早饭)

(11)故乡人号之"驼"(给……起诨名)

2.动词作名词

(1)凡长安豪家富人为观游及买果者(观赏游览的园林)

(2)或移徙(移栽的树)

3．名词作状语

(1)旦视而暮抚(旦，在早上;暮，在晚上)

(2)而木之性日以离矣(一天天)

4．使动用法

(1)非有能硕茂之也(硕，使……高大;茂，使……茂盛)

(2)非有能蚤而蕃之也(蚤，通"早"，使早;蕃，使……多结果)

(3)见长人者好烦其令(使……繁多)

(4)而卒以祸(使……遭祸)

(5)遂而鸡豚(使……顺利地成长)

(6)鸣鼓而聚之(鸣，使……鸣响;聚，使……聚集)

(7)又何以蕃吾生而安吾性耶(蕃，使……多;安，使……安定)

5.意动用法

驼业种树(以……为职业)

6．为动用法

⑴其培之也(为……培土)

⑵忧之太勤(为……担忧)

五、特殊句式

1．判断句:"……也"式

理，非吾业也

2．宾语前置

⑴故不我若也("我若"，若我，如我)

⑵不知始何名("何名"，名何，叫什么)

⑶又何以蕃吾生而安吾性耶("何以"，以何，用什么)

⑷吾又何能为哉("何能为"，为何能，有什么本领)

3.省略句

以（   ）为官戒也（省宾语"之"指其事）

至圣先师——
《子路、曾皙、冉有、公西华侍坐》

《论语》由孔子弟子及再传弟子编写而成，至汉代成书。主要记录孔子及其弟子的言行，较为集中地反映了孔子的思想，是儒家学派的经典著作之一。以语录体为主，叙事体为辅，集中体现了孔子的政治主张、伦理思想、道德观念及教育原则等。与《大学》《中庸》《孟子》并称"四书"，与《诗》《书》《礼》《易》《春秋》等"五经"，总称"四书五经"。全书共20篇、492章，首创 "语录体"，是中国现传扬并学习的古代著作之一。

孔子（前551—前479年），是儒家学派创始人，子姓，孔氏，名丘，字仲尼，鲁国陬邑人（今山东曲阜），祖籍宋国栗邑（今河南夏邑），中国著名的大思想家、大教育家。孔子开创了私人讲学的风气，是儒家学派的创始人。

孔子曾受业于老子，带领部分弟子周游列国十四年，晚年修订六经，即《诗》《书》《礼》《乐》《易》《春秋》。相传他有弟子三千，其中七十二贤人。孔子去世后，其弟子及其再传弟子把孔子及其弟子的言行语录和思想记录下来，整理编成儒家经典《论语》。

孔子在古代被尊奉为"天纵之圣"、"天之木铎"，是当时社会上的最博学者之一，被后世统治者尊为孔圣人、至圣、至圣先师、大成

——让学生遇见美好

至圣文宣王先师、万世师表。其儒家思想对中国和世界都有深远的影响，孔子被列为"世界十大文化名人"之首。孔子被尊为儒教始祖（非儒学），随着孔子影响力的扩大，孔子祭祀也一度成为和上帝、和国家的祖宗神同等级别的"大祀"。

思想家：创立儒家学说派

儒家是孔子所创立、孟子所发展、荀子集其大成，之后延绵不断，至今仍有一定生命力的学术流派。

儒家原先是先秦诸子百家之一，其创始人是孔子。儒家在先秦时期和诸子百家地位平等，秦始皇"焚书坑儒"后，使儒家受到重创。而后汉武帝为了维护封建专制统治，听从董仲舒"罢黜百家，独尊儒术"的建议，对思想实施钳制，使儒家重新兴起。

儒家思想对中国文化的影响很深，几千年来的封建社会，中国人代代传授的不外"四书五经"。中国人基因中的责任思想（以天下为己任）、忠孝思想（仁、义、礼、智、信）、恕的思想（己所不欲，勿施于人）、伦理思想（修身、齐家、治国、平天下）都是儒家思想与专制统治结合的结果。因此，儒家思想到现在还是华人的主流思想。

儒家对中国科技以及世界文明的贡献特别巨大。据《世界自然科学大事年表》记载，16世纪以前，影响人类生活的重大科技发明约有300项，其中175项是中国人发明的。正是这些重大的发明（包括发现），使中国的农耕、纺织、冶金、手工制造技术长期处于世界先进水平。而儒家也留下了一大批世界知名的科学著作，如《考工记》、《天工开物》等。

至圣先师——《子路、曾皙、冉有、公西华侍坐》

教育家：开创全新教育理念

西周时期，政府设国学和乡学两类。国学又分大学和小学两级，而乡学则多称为庠、序、校、塾等。《礼记·王制》记载，"小学在公宫南之左，大学在郊，天子曰辟雍，诸侯曰泮宫"。西周前期，因战事频仍，学校教育以武事为主，而西周后期政权稳定，开始倾重文化教育。当时大学学习以礼、乐、射、书为主，而小学则多学六艺基础知识。此时的教育依然以贵族教育为主，平民是很难进入官办学校学习的。

到了东周，战乱频仍，礼乐崩坏。周王失去了对全国的控制，全国范围内统一的制度开始崩解，诸侯开始为政一方。为了培养本国人才，诸侯纷纷设立自己的官学，称为"庠宫"。这时候教育对象不再局限于贵族，为了充实人才，一些有能力的平民也被官学吸收培养。而以孔子为代表的儒家也在同一时期兴起，孔子本人非常认同扩大教育对象范围的做法，同时他还提出教育是教化民众，增强国家实力，维护统治稳定的重要手段，因此，他认为教育甚至不能仅仅局限在有潜力有培养价值的人，而应推广至所有国民。所以，他本人积极推广私学，认为这样可以使任何愿意学习的人获得受教育的机会。

故而，孔子以前，"学在官府"，只有贵族子弟有权受教育，因而也只有贵族子弟才有当官的资格。到了孔子的时代，社会的政治经济和文化教育都在下移，为私人办学提供了机会。孔子正是抓住了这一机会，开始了其创办私学的职业生涯，希望通过兴办教育来培养"贤才"和官吏，以实现其政治思想。在教育对象问题上，孔子明确提出了"有教无类"的思想。"有教无类"的意思是无分贵族与平民，不分国界与华夷，只要有心向学，都可以入学受教。孔子弟子三千来自鲁、齐、晋、宋、陈、蔡、秦、楚等不同国度，这不仅打破了当时的国界，也打破了当时的夷夏之分。孔子吸收了被中原人视为"蛮夷之邦"的楚国人公孙龙和秦商入学，还欲居"九夷"施教，充分体现了孔子的教育主张。孔子弟子有来自贵族阶层的，如南宫敬叔、司马牛、孟懿子；也有很多的是来自平民家庭，如颜回、曾参、闵子骞、仲弓、子路、子张、子夏、公冶长、子贡等。而平民教育更能体现孔子"有教无类"的精神实质。

孔子"有教无类"思想的理论基础是其"众生一体都有善性"的理论。子曰：性相近也，习相远也，"性相近"说明了人皆有成才成德的可能性，而"习相远"又说明了实施教育的重要性。正是基于"人皆可以通过教育成才成德的"的认识，孔子才做出了"有教无类"的论断。

儒家认为人可以为神、上帝。儒家相信人毕竟有体现至善、上通神明、天人合一的可能。孟子认为：人人皆可以为尧舜；人之趋善，如水之就下。人有天生的善端，本此善端，便可成德、成圣。荀子认为：途之人可以为禹。程朱理学修身齐家治国平天下的内圣外王之路，也是把国家、组织的管理权柄最终交给圣人。到陆王心学的"宇宙即是吾心，吾心就是宇宙"、"心即理，心外无物"。在传入中国后，在中国传统文化的熏陶下吸收儒家的"有教无类"，也发展出"众生平等"这个具有中国特色的说法。

"有教无类"思想的实施，扩大了教育的社会基础和人才来源，对于全体社会成员素质的提高起到了积极的推动作用。因此，孔子"有

至圣先师——《子路、曾皙、冉有、公西华侍坐》

教无类"的思想在教育发展史上具有划时代的意义。现代社会，特别是20世纪后，教育成为全体公民的需要和共享的权利，教育的全民性和普及性显得更为鲜明充分。

孔子的有关思想主张

1. 孔子主张礼治，反对法治。礼的意义在古代甚为广泛，指国际间交际的礼节仪式，贵族的冠、婚、丧、祭、饗等典礼，包括政治制度、道德规范等。孔子说："殷因于夏礼，所损益可知也；周因于殷礼，所损益可知也；其后继周者，虽百代可知也。"（《论语·学而》）似乎周礼是千秋不变的规范。晋国铸了刑鼎，他尖锐地反对，说："晋其亡乎，失其度矣。"

2. 在经济方面，他反对封建的田赋制度，而极力维护西周以来的田赋制度。《左传·哀公十一年》："季氏欲以田赋，使冉有访诸仲尼。……仲尼……私于冉有曰：'君子之行也，度于礼。施取其厚，事举其中，敛从其薄。如是则以丘亦足矣。若不度于礼，而贪冒无厌，则虽以田赋，将又不足。且子季孙若欲行尔法，则周公之典在；若欲苟而行，又何妨焉'。"

3. 孔子主张维护等级制度的正名思想。他主张"君君，臣臣，父父，子子"这种合乎"礼"的等级制度。孔子说："名不正则言不顺，言不顺则事不成，事不成则礼乐不兴，礼乐不兴则刑罚不中，刑罚不中则民无所措手足。"（《论语·子路》）

4. 孔子主张克己复礼。《论语·颜渊》记载："颜渊问仁。子曰：'克己复礼为仁。一日克己复礼，天下归仁焉。'"颜渊又问"克己复礼"的具体内容是什么，孔子说："非礼勿视，非礼勿听，非礼勿言，非礼勿动。"

5. 在伦理思想方面，孔子主张"仁"。孔子的"仁"的基本精神是教人根据周礼调整统治阶级内部的矛盾。他的"仁"一般不包括劳动者。孔子说："君子而不仁者有矣夫，未有小人而仁者也。"（《论语·宪问》）曾子以"忠、恕"二字概括"仁"的含义，是比较接近原意的。忠恕之道，就是"己所不欲，勿施于人"。

6. 在哲学上，孔子主张天命观。孔子主张天命，一次，他受到匡人的围困，他说："天之将丧斯文也，后死者不得与斯文也；天之未丧斯文也，匡人其如予何？"孔子说："天何言哉？四时行焉，百物生焉，天何言哉？"（《论语·阳货》）在孔子看来，"天"是宇宙万物无言的主宰者。孔子认为他自己就是秉承天命而说话做事的。孔子说："吾十有五而志于学，三十而立，四十而不惑，五十而知天命，六十而耳顺，七十而从心所欲，不逾矩。"（《论语·为政》）他把恢复周礼看做是自己的历史使命，说："凤鸟不至，河不出图，吾已矣夫！"（《论语·子罕》）

7. 在教育上，孔子主张"有教无类""因材施教"和"学而不厌、诲人不倦"的精神。

8. 在品德方面，他主张"宽、耻、信、敏、惠、温、良、恭、俭、让"等。

孔子地位之高，造成与普通人的隔膜，他在很多中国人心中，如同神的存在。他是打开中国教育大门的人，三千多年来，他的思想依然保有生机与活力，有越来越多的人依然在践行他的做法。如宋代理学家所言"天不生仲尼，万代永黑暗"。

至圣先师——《子路、曾皙、冉有、公西华侍坐》

本文是《论语》中是最富有文学色彩的篇章。

诵读文章:教师范读,学生分角色朗读。

1.学生明确哪些话分别是谁说的。

2.大致了解这些人物的性格,揣摩说话的语气。

文章采用对话形式。

人物:孔子(60岁)、子路(51岁)、曾皙(39岁)、冉有(31)、公西华(18岁)

子路:仲由(前542—前480年),字子路,又字季路,鲁国卞人(山东省泗水县泉林镇卞桥人)。"孔门十哲"之一,受儒教祭祀。

仲由以政事见称,为人伉直,好勇力,跟随孔子周游列国,是孔门七十二贤之一。

周敬王四十年(鲁哀公十五年,前480年),卫乱,父子争位,为救其主卫出公姬辄,被蒯聩杀死,砍成肉泥。三月初三结缨遇难,葬于澶渊(今河南濮阳)。

出身贫微

仲由少年时,从事各种劳作来维持家庭生活,甚至据不可考之传言,常吃野菜充饥。拜入孔门之前,《史记》记载,志气刚强,性格直爽,头戴雄鸡式的帽子耍威风,佩戴着公猪装饰的宝剑显示自己的无敌,曾经瞧不起柔弱的孔子,屡次冒犯欺负孔子。为此孔子设计出少许礼乐仪式慢慢加以引导,后来,子路穿着儒服,带着拜师的礼物,通过孔子学生的引荐,请求成为孔子的学生。

师从孔子

仲由为人伉直鲁莽,敢于对孔子提出批评,勇于改正错误,深得

——让学生遇见美好

孔子器重。仲由为人果烈刚直，且多才艺，事亲至孝，性格爽直，为人勇武，信守承诺，忠于职守。"志伉直"，又使得子路的好勇与一般的逞勇好斗之徒有所区分，使他的好勇含有了某些伸张正义、为民请命、不欺幼弱的意蕴。为此，他常遭师之痛责，说他"好勇过我，无所取材"，"不得其死"，等等。孔子曾评价子路："由也升堂矣，未入于室也。"可以以为这是单纯评论子路的学问，同时这一评价所包括的涵义更加广泛。它说明子路尽管经过孔门的洗礼，但身上的野气始终未能脱除干净，故孔子说他只是"升堂"，而始终未能"入室"，即子路始终未能成为儒雅君子。

仲由很尊敬孔子，"子疾病，子路请祷"。但对待同一事物的对错，如果有他不同的观点，他也会提出来，与宰予，颜回不同，从不隐瞒。如孔子见南子时，子路不高兴，因为南子"美而好淫"；当孔子谈"正名"时，他就说孔子太迂阔，他甚至认为读书人并不是成才的唯一路径，"何必读书然后为学"，如此坦诚直言，是其他弟子所没有的。孔子说过：只听了单方面的供词就可以判决案件的，大概只有仲由吧。一般听到这个诉讼案件，都要听两面之词，原告、被告都讲完毕后才能判断。

但是子路不一样，他听到一面之词就知道谁对谁错，因为他脑袋瓜好使，不需要按照一般人的方式来判断是非，是大智大勇之人，在他的刚毅、公正的谋断下，涉案众人都非常信服。

孔子常与弟子谈志向，每次仲由都抢先发言，而且多数是谈他如何勇敢，如何教别人勇敢，以及如何打仗等。孔子对子路说："你喜欢什么？"子路（对孔子）说："喜欢长剑。"孔子周游列国时，仲由和颜

至圣先师——《子路、曾皙、冉有、公西华侍坐》

回等人始终跟随孔子，由于他极勇武，实际上起了保卫者的作用，所以孔子评价子路这个朋友的忠诚时说："自从我有了仲由后，我就没有再听到恶意的言辞。"

政治才干

孔子设案授徒，辟德行、政事、言语、文学四科，而子路是政事科之优异者。

孔子曾多次谈到他擅长"政事"，并向人介绍说：对于子路，可以任命他来治理千乘之国的军事后勤工作，至于是不是"仁"，我不知道。他开始步入仕途，是孔子在鲁国做"中都宰"、"大司寇"的时候。最初，他在季孙氏那里干点小事，后来得到信任，升为"季氏宰"，即季氏家族的总管。其后，还做过"费宰"。

在孔子周游列国客居卫国时，他做了卫国实际掌权者孔悝的蒲邑的"蒲大夫"，前后3年，取得不少政绩，深得孔子称赞。子路治理蒲三年，孔子路过，入境而善之说："好啊！由严肃而相信了！"进入城邑说："好啊！由忠信以宽容了！"到庭院说："好啊！通过观察来判断了！"

小邾国一名叫射的人，带领句绎的人来投奔鲁国，专门指名叫仲由代表鲁国出来定盟约，而其他人一概不信。用冉求的话说就是，"千乘之国不相信盟誓，而相信你说的话"。可是仲由坚辞不干，原因是不能鼓励小邾射干背叛国家这种不义之事。在卫国当蒲大夫时，仲由组织兴修水利，他体恤民工劳动艰苦，下令"给人一筐饭，一壶水"。他之所以这样做，就是因为他主张"仁义的人，与天下人共同拥有，共同利益"。

孔了认为，正是因为仲由做到了这些，才使得"民尽力"、"民不偷"、"民不扰"，而国家富强，这显然是对仲由政绩的极高评价。

冉有：冉求字子有，通称"冉有"，尊称"冉子"，鲁国陶(今山东省菏泽市定陶区冉堌镇冉堌集村)人。周文王第十子冉季载的嫡裔。中国春秋末年著名学者、孔子门徒。孔门七十二贤之一，受儒教祭祀，以政事见称。多才多艺，尤擅长理财，曾担任季氏宰臣。前484年率左师抵抗入侵齐军，并身先士卒，以步兵执长矛的突击战术取得胜利，又趁机说服季康子迎回了在外流亡14年的孔子。帮助季氏进行田赋改革，聚敛财富，受到孔子的严厉批评。冉求是孔子的最得意的门生之一，在孔子的教导下逐渐向仁德靠拢，其性情也因此而逐渐完善。

冉求在青年时期曾做过季氏的家臣，前484年，率左师抵抗入侵齐军，并身先士卒，以步兵执长矛的突击战术取得胜利。又趁机说服季康子迎回了在外流亡14年的孔子。帮助季氏进行田赋改革，聚敛财富，受到孔子的严厉批评："季氏富于周公，而求也为之聚敛而附益之。""非吾徒也。小子鸣鼓而攻之可也。"

后随孔子周游列国。冉有多才多艺，性谦逊长于政事，孔子称赞其才可于千户大邑，百乘兵马之家，胜任总管职务。孔子晚年归隐鲁国，受到冉有很多的照顾。唐赠徐侯，宋封彭城翁。

有一回孟武伯问孔子说："冉有是否能够办政治？"孔子就回答说："求也，千室之邑，百乘之家，可使为之宰。"就是说冉求可以在诸侯国当邑宰，或在卿大夫家里当家臣。这也就表示说，冉有他很有政治才华。而政治是一门很深的学问，要办好政治必须具备各种才能。像子贡通达物理，以及子路的果敢、果决，都是办政事的好人才；而冉

至圣先师——《子路、曾皙、冉有、公西华侍坐》

有他在政治上的天赋，主要是多才多艺。

　　像有一次季康子就问孔子："冉有可以从事政治吗？"孔子回答他说："求也艺，于从政乎何有？"——就是说冉求多才多艺，对于办政治有什么困难呢？又有一次，子路问孔子怎样才算是一个完备的人？孔子回答说："要有臧武仲的智慧，孟公绰的克制，及卞庄子的勇敢，再加上冉求的才能、技艺以及礼乐的陶养；也就可以算是一个人格完备的人了。"可见冉求的才艺在当时是非常出色的。而且他能够受到当政者的赏识，有机会出来办理政事，虽然冉有跟子路同样有政治才华，同属政事科，但两个人的个性完全不一样；子路是较果敢、果决，冉有比较退让。也因此孔子对子路、冉有的教导方式有所不同。

　　比如说同样听到一件合于义礼的事，孔子对子路说要请教父兄才可以去做；而对冉有说，听到了就马上去做。这表示冉有天性较迟缓、稳重，所以孔子鼓励他要勇于实行，而子路因为好勇胜人，所以抑制他退让些。冉有不仅在办事上如此，在求道方面，也显出他谦退的个性。像有一回，冉有就跟孔子说："我不是不喜欢老师您的道，实在是我能力不到啊！"孔子即鼓励、指正他说："能力不够总要做，做一半才停止，而你现在自己却先为自己划定一个范围，停在那里不前进呀！"可见冉有并不是没有能力求道，孔子对他还是很有信心的，所以才那么鼓励他。冉有这种谦退的个性，有时在办事上，难免会有太过或不及的情形。如有一次，公西华出使齐，他替公西华的母亲申请"安家费"，所给的数目超过孔子所说的很多倍，虽然他是一番好意，但如此则不合中道，因"君子可周济穷迫的人，而不使富有的更富有"。

　　孔子的理想在推行仁政，弟子们皆懂仁义，如有不合仁义的，孔子必会指责与纠正他。当时三家把持政权,季氏比周天子天朝的周公,还要富有,而冉求做季氏的家臣,不能劝谏季氏,减低人民赋税,还替他搜括,使他更富有。孔子就说:"非吾徒也,小子鸣鼓而攻之可也。"一方面指责冉有,同时也希望借此使季氏感悟。另有一次季氏将要攻打颛臾,冉有与子路去见孔子,孔子即指责他们,不能及时的劝谏季氏,并且也教导他们治国安民的方法。

当时三家掌握政权,想做官须经过三家或在三家当家臣,冉子才艺高,被选用了,多少也希望能将孔子的教诲,实现出来,只因三家太跋扈,要办理政治,施展他个人之政治理想,实在是困难重重啊!

再谈冉有的志向。有一回子路、曾皙、冉有、公西华,陪侍着孔子时,孔子就引导他们各自谈谈将来的志向,孔子问他们说:"如果将来有人能够知道你们而又能够用你们,你们究竟有什么本领可用呢?"当时冉有就回答说:"假定有个六七十里宽的地方或是小一点,五六十里的,如果让我来治理,只要三年,即可以使人民富足。至于兴礼作乐一类的事,那我就没有这本领了。只好等待那有才德的君子来设施了。"冉有的志趣是从政——算是一个君子儒。他十分谦虚,其实,凭他的才艺是可以治理千乘之国的。他也能够随时关心百姓,有一次冉有跟随孔子到卫国去,看到卫国的人口很多,冉有就问:"人民已经这样众多了。还需要给他们增加些什么?"孔子说:"使他们富有。"冉有说:"人民已经富有了以后呢?还需要给他们增加些什么呢?"孔子说:"使他们受教育啊!"

实际上,孔子也是很欣赏冉有的。《论语·雍也》曾记载季康子问孔子子路、子贡、冉求是否可以从政,孔子回答说三人皆可从政,

至圣先师——《子路、曾皙、冉有、公西华侍坐》

但孔子却分别道出三人之优点各不相同："由(子路)也果"、"赐(子贡)也达"、"求(冉求)也艺"。《论语·先进》说："德行:颜渊、闵子骞、冉伯牛、仲弓。言语:宰我、子贡。 政事:冉有、季路。文学:子游、子夏。"

冉求不重仕德的修养，从来没发表过关于仁、义、礼、孝等儒家道德观念方面的看法，也没向孔子请教过这方面的问题。他认为自己学习，"仁"的力量不够，孔子批评他根本不努力学习有关"仁"的学说。他不重礼乐修养，认为礼乐教化之事，要等待贤人君子去做。他对孔子不是绝对服从，具有一定的改革精神。对后世影响很大。

陈寿认为他的政事可和颜回的仁及伊尹、姜尚的政绩相媲美。东汉明帝永平十五年(72年)祭祀孔子时以他为配。唐玄宗开元八年(720年)以他为"十哲"之一，配享孔子。开元二十七年(739年)赠"徐侯"，宋真宗大中祥符二年(1009年)又封为"彭城公"。度宗咸淳三年(1267年)改"徐公"，从祀孔子。

公西华:公西华(前509年，一说前519年出生)，汉族，字子华，河南省濮阳市濮阳县人。东周时期鲁国学者、孔门弟子。

唐玄宗尊之为"邵伯"，宋真宗加封为"巨野侯"。明嘉靖九年改称"先贤公西子"。

公西赤有非常优秀的外交才能。孟武伯曾经向孔子问起公西赤，孔子回答说:"赤也，束带立于朝，可与宾客言也。不知其仁也。"从孔子的言谈中，我们可以知道孔子多了解自己的学生，也表现孔子对于"仁"的完美要求。公西赤曾经为孔子出使于齐国。

公西赤，姓公西，名赤，字子华，亦称公西华，春秋末年鲁国学者，前509年生于河南省濮阳市濮阳县渠村乡公西村(村南尚有唐明皇御封公西华和闵子骞同奉的二贤祠)。孔子弟子,七十二贤人之一,比孔子小42岁。

他束带立朝,娴宾主之仪,曾言其志说:"宗庙之事,如会同,端章甫,愿为小相焉。"孟武伯曾经向孔子问起公西赤,孔子回答说:"赤也,束带立于朝,可与宾客言也。不知其仁也。"在孔子弟子中,公西赤以长于祭祀之礼、宾客之礼著称,且善于交际,曾"乘肥马,衣轻裘",到齐国活动。唐开元二十七年(739年)追封"邵伯"。宋大中祥符二年(1009年)加封"钜野侯"。明嘉靖九年(1530年)改称"先贤公西子"。

曾皙:曾皙,又称曾点,字子皙,春秋末年鲁国南武城(今属山东平邑)人。他是宗圣曾参之父,孔子早期弟子,笃信孔子学说。《先进》记载,他在谈志向时,希望"莫(暮)春者,春服既成,冠者五六人,童子六七人,浴乎沂,风乎舞雩,咏而归"。孔子感叹道:"吾与点也。"

禹的第五代孙少康封他的小儿子曲烈(子爵)于鄫地,建立缯国(姒姓)(缯国故址,在今山东省兰陵县西北,原名"缯邑",以当地多产丝织品而得名)。历经夏、商、周(改为鄫国)三代,大约相袭了近两千年,一直到春秋时代,即前567年才被莒国所灭。这时候,怀着亡国之痛的太子巫出奔到邻近的鲁国,并在鲁国做了官。其后代用原国名"鄫"为氏,后去邑旁,表示离开故城,称曾氏,此为曾氏得姓之始。

课文分析

课文可以分为三个部分。

至圣先师——《子路、曾皙、冉有、公西华侍坐》

第一部分（第1段）。

这一部分，孔子向学生问志。但孔子没有直接让弟子言志，而是先用温和自谦的话打消学生的顾虑，为他们创造一个轻松、亲切、活跃的环境。孔子一出场，就给人以态度和蔼、思想明智、胸襟开阔的印象，可见孔子确实是一位高明的老师。

第二部分（"子路率尔"——"吾与点也"），可分四个层次。

第1个层次（"子路率尔"——"夫子哂之"）：这一层次，写子路述说己志。孔子见子路不谦让，所以笑他。既是暗示性的批评，又不伤其自尊。

第2个层次（"求，尔何如？"——"以俟君子"）：这一层次，写冉有述志。他"长于政事"，认为儒家的最高理想——实现礼治，要等待君子协助才能办到。

第3个层次（"赤，尔何如"——"愿为小相焉"）：这一层次，记述公西华述志。他很重视礼治，年龄虽小，态度却很谦恭。

第4个层次（"点，尔何如？"——"吾与点也"）：这一层次，写曾皙述志。孔子对曾皙予以赞扬。

这一部分，是写子路先回答说，他有治理"千乘之国"的才能。孔子对他的话不以为然，报之一笑。冉有的回答是：自己只有治理方圆几十里的小国的才能。公西华的回答更为谦逊，他说自己的才能只配做个小司仪官。孔子对冉有和公西华的话都没有立即表明态度。曾皙表示不愿做官，但他所描绘的师生暮春郊游的美好图景，正是儒家所向往的"礼治"社会的景象，是"礼治"的最高境界，集中而形象地体现了儒家的政治理想。孔子对他的话非常感慨，当即表示赞同。

　　——让学生遇见美好

　　第三部分（"三子者出"——文末）。

　　这一部分写子路、冉有、公西华走后，曾皙向老师探问那三位同学的谈话如何。孔子对子路、冉有、公西华所谈的志向逐个加以评价。孔子说治理国家要讲究礼让，可是子路的话表现得不谦让，所以笑他。而对冉有和公西华的谦逊态度是满意的，尤其是对公西华，从他的才德看，足可胜任一个大司仪官。

　　孔子是一个伟大的教育家。在本文中，可看出他们师生关系十分融洽、非常平等。他关心学生，爱护学生，对每个人的情况了如指掌。即使在日常交谈中，也引导学生立志，关心国家政事，坚持正面教育为主，取得了良好的效果。他发挥教师的主导作用，当四个学生述志后，他高屋建瓴地将他们的发言上升到"礼治"，将他们要做的事上升到与治国有关的高度，很有指导意义。

　　题目的顺序与出场顺序不同，因年纪不同，这体现了孔子思想中"长幼有序"的观念。而年龄的不同，又体现了孔子"有教无类"的思想。

　　侍坐：陪侍长者闲坐。非正式上课，类似座谈会，"侍"突出了老师的地位。旁边的弹琴之声，可见谈话气氛很是和谐。

　　谈话的主题是什么呢？

　　这是关于"理想"的茶话会。围绕着"志"，孔子问志，四子述志，孔子评志，不仅写出了学生们的志向，性格，也表达了孔子的思想态度。

　　四个学生各自有什么志向，什么样的性格特点？

　　子路：治理"千乘之国"——"可使有勇，且知方也"。孔子问志，

至圣先师——《子路、曾皙、冉有、公西华侍坐》

子路首先发言。在他看来，让他去治理一个中等国家，即使在有内忧外患的情况下，只需要三年就可以治理成为一个军事强国。言谈之中，语气十分肯定。由此可见其抱负之大。在座的四个弟子中，子路年龄最大——只比孔子小九岁，平时与孔子也比较接近，所以说话较少拘谨；但孔子话音刚落，子路便在没有深入思考的情况下抢先发言，确也反映出其鲁莽、轻率的一面。从"率尔"一词就可见其草率、直率，虽信心十足，但莽撞，说话不谦虚，故孔子"哂"之。

冉有：治理"方六七十，如五六十"的小国——"可使足民"，不过"如其礼乐，以俟君子"。冉有的理想是"经济富民"，相比子路的理想，更注重经济建设，对于礼乐方面的建设，认为难度更大，等待君子。他的性格是谦虚、有礼、实事求是，故孔子"叹"之。（冉有在孔子指名发问后才开口。子路刚说自己可以治理一个中等国家，冉有则说他只能治理一个小国。先说"方六七十"，又说"如五六十"，说明他对自己能力的估计十分谨慎。他还认为，三年之后，他所能取得的政绩仅限于"足民"一点，至于礼乐教化，则不是自己力所能及的事。可见，冉有既想有所作为，又不愿对自己估计过高）

公西华：在"宗庙之事，如会同"时——"愿为小相"。公西华的年龄最小，也是在孔子点名指问后才述志。他有志于礼乐教化的事，但因冉有刚刚说到"如其礼乐，以俟君子"，为避免以君子自居，他先谦虚一番，说"非曰能之，愿学焉"，然后委婉地说出自己的志向，"愿为小相焉"，在"相"前加了个"小"字，给人感觉是他只想做个赞礼和司仪的小官，实际上，最低一级的"相"的地位也不低。从他简短的言辞中，尤其是两个"愿"字，一个"学"字，一个"小"字，就可以看出他更谦虚、敏而好学，注重礼仪规范，故孔子"惜"之。

曾皙："莫春者，春服既成——咏而归。"洒脱、淡泊于功名、从容不迫，闲适、和乐，温馨的生活态度，故孔子"与"之。

孔子对私人的回答是否有评价？

孔子对四人的志向多少是认可的，这体现了其思想中"因材施教""有教无类"的思想。

对子路：赞成他的治国志向，但认为他谈话的内容和态度不够谦虚，这属于"其言不礼"。

对冉有：没有正面加以评论，但可以看出是满意的。

对公西华：认为他低估了自己，他完全可以担任更重要的工作。

孔子对子路的笑有什么含义？

在座的四个弟子中，子路年龄最大，只比孔子小九岁，年龄与孔子接近，平时与孔子的关系也最为亲近，相处的时间最长，《论语》中提到的最多，有38次，批评也最多，与孔子的关系也近于朋友。所以孔子"哂之"的笑，不是冷笑、讥笑、嘲笑，有点宽容的味道、无奈的味道在里面，也略微有点责备，责其不谦虚。

为什么孔子会说"吾与点也"，怎么理解？

其他人的理想似乎和政治有关，曾皙的理想似乎和政治无关，他没有直接说自己的理想是什么，只是描绘了一幅"太平盛世图"——民风趋淳，民德归厚，天下太平，它与儒家以"礼乐"治天下的社会理想相吻合。国家自主、经济稳定、社会和谐、百姓安定的大同社会。我们也可以把它理解为超脱现实、逍遥闲适、回归自然的人生图景——它远离尘世喧嚣，与自然冥合为一，追求一种精神的清洁和灵

至圣先师——《子路、曾皙、冉有、公西华侍坐》

魂的自由。如果能够实现，代表孔子的理想得以实现，其内心将何其欣慰。

孔子对曾皙的理想赞同，为何又"叹曰"？

原因不外乎是只有一个学生理解了自己的理想；春秋时期，礼乐崩坏，诸侯纷争，理想难以实现。

孔子为什么会赞许曾皙的志向呢？对这个问题历来有争论。

有人认为，这是由于曾皙的主张有不愿求仕的意思，与当时孔子的处境和心境相契合。孔子本有行道救世之心，但是屡屡不能得志，所以他也产生过了"道不行，乘桴浮于海"的想法。

有人认为，曾皙的话描绘了一幅"太平盛世图"。民风趋淳，民德归厚，天下太平——这才是曾皙的社会理想，只不过他是用暗示的方法表达出来罢了。这与孔子的"仁政""礼乐"治国的思想完全合拍，加上曾皙的话说得那么雍容委婉，所以孔子会不由自主地赞赏起来。即全文突出了儒家的礼乐治国的理想。

也有人认为，这不是儒家思想，而是道家的思想；而且这篇文字在《论语》中篇幅亦长，恐怕是战国时期孔门后学所记。

王充则认为曾皙所述是古代的一种祭祀仪式，就是雩祭的仪式。雩祭，是春天人们求雨的祀礼，所以《礼记》说："雩祭，祭水旱也。"王充的解释根据亦足。因为鲁国当时通用周历，所以说周之四月，正是夏历二月；天气尚寒，怎么能浴？冠者、童子都是雩祭乐人，他们在祭祀时，须涉沂水；十二三个人鱼贯而行，象征着龙从水中跃出。"风"，解释为"唱歌"，"归"通"馈"。"归"通"馈"，在《论语》中不乏其例。如《阳货篇》"归孔子豚"的"归"即作"馈"讲，是送食、进食的意思。《史记·仲尼弟子列传》"曾蒧（《论语》作'点'），字晰，侍孔子，孔子曰：'言尔志'。蒧曰：'春服既成，冠者五六人，童子六七人，浴乎沂，风乎舞雩，咏而归。'"《集解》徐广曰："一作馈"，这是古本《论语》"归"作"馈"之证。从文意来说，王充的解释似更符合原意。

理由：在礼乐崩坏的春秋末期，曾晰能对古礼作如此具体生动的描绘，以此寄托自己的理想，这在孔子看来是十分难得的彼得我心者，因而内心狂喜而情不自禁地喟然赞叹了。

孔子不满子路，是因为他"非礼"；赞赏曾晰是因为他懂得古礼。礼与非礼乃是儒家人生理想中的首要问题。这样解释，全篇上下文意就脉络贯通了。

通过这篇文章，感受到孔子的什么特点？

《侍坐》篇对于孔子的描绘虽是寥寥数语，但长者之风毕现。孔子的开场白："以吾一日长乎尔，毋吾以也。"即试图以一种平和宽厚的态度打消学生的顾虑；而到子路回答问题之后，"夫子哂之"，可以说是用一个神态含蓄地表达了自己的态度；当听到曾晰的志向后，始终沉默不语的孔子，竟然情不自禁地赞叹道："吾与点也！"一句话又勾勒出了一个真挚的朋友形象。总之，表现了孔子的平等、开明、平和的谈话氛围，"因材施教""有教无类"的先进的教育思想。

附：于丹论语心得（六）——理想之道

修身、齐家、治国、平天下，这是中国人传统的道德理想。而《论

至圣先师——《子路、曾晳、冉有、公西华侍坐》

语》中孔子与他的学生们谈到理想时，并不认为志向越高远就越好，真正重要的是一个人内心的定力与信念。

无论你的理想是大是小，实现所有理想的基础，在于找到内心的真正感受。一个人内心的感受永远比他外在的业绩更加重要。

我们今天该如何理解理想的含义呢？孔老夫子的观念和现代人对理想的追求是不是有矛盾呢？

翻开《论语》，我们看到，朴素的字句后面常常闪耀着一种理想之光。

孔夫子说："三军可夺帅也，匹夫不可夺志也。"（《论语·子罕》）这句话在民间流传得很广，意思是说，一个人的志向至关重要，决定了他一生的发展和方向。

所以孔子在教学生的时候，经常让学生们各自说说自己的理想。在《论语·先进》篇里面有一个比较罕见的完整的段落叫做《侍坐》，记载的就是孔子如何跟学生一起畅谈理想。这段文字是这样的：

子路、曾晳、冉有、公西华侍坐。子曰："以吾一日长乎尔，毋吾以也。居则曰：不吾知也！如或知尔，则何以哉？"子路率尔而对曰："千乘之国，摄乎大国之间，加之以师旅，因之以饥馑；由也为之，比及三年，可使有勇，且知方也。"夫子哂之。"求！尔何如？"对曰："方六七十，如五六十，求也为之，比及三年，可使足民。如其礼乐，以俟君子。""赤！尔何如？"对曰："非曰能之，愿学焉。宗庙之事，如会同，端章甫，愿为小相焉。""点！尔何如？"鼓瑟希，铿尔，舍瑟而作。对曰："异乎三子者之撰。"子曰："何伤乎？亦各言其志也。"曰："莫春者，春服既成。冠者五六人，童子六七人，浴乎沂，风乎舞

——让学生遇见美好

雩，咏而归。"夫子喟然叹曰："吾与点也！"三子者出，曾皙后。曾皙曰："夫三子者之言何如？"子曰："亦各言其志也已矣。"曰："夫子何哂由也？"曰："为国以礼，其言不让，是故哂之。""唯求则非邦也与？""安见方六七十如五六十而非邦也者？""唯赤则非邦也与？""宗庙会同，非诸侯而何？赤也为之小，孰能为之大？"

我们把这段文字转换成今天的话就是：这一天，孔子的四个学生子路、曾皙、冉有和公西华陪老师坐着。孔子很随意地跟他们讲，因为我比你们年纪大，老了，没有人用我了。我平时老听见你们说，没有人了解我的志向啊！假如现在有人了解你们，打算起用你们，你们能做什么呢？

子路是个急性子，听老师这么一问，不假思索就回答说："给我一个拥有一千乘兵车的中等国家，这个国家夹在大国中间，外有被武装侵略的危险，内有粮食不足的危机。假如让我来管理它，不出三年，可以使人人振奋精神，并且懂得什么是道义。"

按说子路的理想比较远大，对于那么看重礼乐治国的孔子来讲，假如自己的学生真能有如此业绩，可以使一个国家转危为安，他应该感到很欣慰吧。没有想到，孔子的反应不仅是淡淡的，而且稍稍有点不屑。"夫子哂之"，微微冷笑了一下，未置可否，就接着问第二个学生："冉求，你的理想是什么？"

冉有名求。他的态度比起子路显然要谦逊很多，没有敢说那么大的国家，那么多的事。他说："假如有一个方圆六七十里或者五六十里的小国家让我去治理，等到三年的光景，可以使老百姓们丰衣足食。至于修明礼乐，那就要等待贤人君子了。"他的意思是说，在物质层面能做到使百姓富足，但要万众齐心，对国家有信念，做到礼乐兴邦，那我可做不到，还是等着比我更高明的君子来吧。

他的话说完了，老师依旧未置可否。接着问第三个人："公西赤！你的理想是什么？"

公西华名赤。他就更谦逊了一层，回答说："非曰能之，愿学焉。"先亮出自己的态度，我可不敢说我能干什么事，现在老师问到这儿，我只敢说我愿意学习什么事。然后他说，在进行祭祀或者同外国会盟的时候，我愿意穿着礼服，戴着礼帽，做一个小小的司仪。他对治理国家，管理人民这些事都没有说。

大家会看到，孔子这三个弟子的态度一个比一个更谦逊，一个比一个更平和，一个比一个更接近自己人生的起点，而不是终端的愿望。

在今天看来，一个人的发展，最重要的往往不在于终极的理想有多么高远，而在于眼前拥有一个什么样的起点。我们往往不缺乏宏图伟志，而缺少通向那个志愿的一步一步积累起来的切实的道路。

到此为止还有一个人没有说话，所以老师又问了："点！尔何如？"曾点，你想做什么呢？

曾皙名点。他没有立即说话，《论语》对此写得惟妙惟肖，叫做"鼓瑟希"，大家听到的，先是一阵音乐的声音逐渐稀落下来，原来刚才他一直在专心致志地弹着瑟，听到老师问自己，他让瑟声逐渐逐渐缓和下来，缓和到最后一声，"铿尔"，当一声，把整个曲子收住。像我们熟悉的《琵琶行》所描写的那样，"曲终收拨当心画"，让乐曲有一个完完整整的结束。曾皙不慌不忙，"舍瑟而作"。什么是作呢？那个时候人们是席地而坐，学生听老师讲课或者大家聊天，都是跪坐在

——让学生遇见美好

自己的脚后跟上。当要回答老师的提问时，要站起来以表示恭敬，这就叫"作"。曾皙是把瑟放在一边，然后毕恭毕敬站起身来答对老师的问话。

从这样几个字的描写能够看出什么来呢？可以看出曾皙是一个从容不迫的人，他不会像子路那样"率尔"而对，而是娓娓道来，成竹在胸。他先是征求老师的意见，说，我的理想和这三位同学不一样，能说吗？老师说，那有什么关系呢？就是要各人谈谈自己的志向嘛。

这个时候，曾皙才从容地开始阐述他的理想。他说，我的理想是，到了暮春时节，就是阴历的三月，穿上新做的春装，在这个大地开化，万物复苏的季节，陪同几个成年的朋友，再带上一批孩子，大家一起去刚刚开冻的沂水中，把自己洗涤得干干净净，然后到沂水旁边的舞雩台上，沐着春风，把自己融汇进去，与天地在一起共同迎来一个蓬勃的时候，让自己有一场心灵的仪式，这个仪式完成后，大家就高高兴兴唱着歌回去了。我只想做这样一件事。

孔子听了他的话，长长地感叹一声说："吾与点也！""与"，赞同。就是说，孔子的理想和曾点是一样的。这是四个学生畅谈自己理想的过程中，老师发表的唯一一句评价的话。

各人的理想谈完了，子路、冉有和公西华他们三个就下去了。曾皙没有立即出去，而是问老师，您觉得他们三个说得怎么样呢？

老师也很巧妙，他先挡了一下，没有进行正面评价，说，无非是每个人说说自己的想法嘛。

但曾皙还要继续问老师，那为什么子路说完话您冷笑了一下呢？

问到这个问题，老师不能不说话了，他说："为国以礼，其言不让，

至圣先师——《子路、曾皙、冉有、公西华侍坐》

是故哂之。"治理一个国家最核心的东西是讲究礼让，可是子路的话一点都不谦虚，所以笑笑他。意思是说，要以礼制去治理一个国家，首先你的内心要有一种温良恭俭让，这是一个起点。你看子路说话的时候那么草率，抢在大家之前发言，说明他内心缺乏一种恭敬和辞让啊。

接下来曾皙又问，难道冉有不是想治理一个国家吗？（您为什么没有哂笑他？）

老师说，难道说方圆六七十里，或者说五六十里，甚至更小一点，那就不叫国吗？

曾皙又问，难道公西华说的不是治理国家吗？（怎么也没见您哂笑他？）

老师说，有宗庙，又有国际间的盟会，不是治理国家是什么？像他这样精通礼仪的人说想做一个小司仪者，那么谁又能做大司仪者呢？

孔子的意思是说，他笑子路，不是笑他没有治国理政的才干，而是笑他说话的内容和态度不够谦虚。所以，问题的关键不在于治理对象的大小，不在于它是不是国家，而在于自己的态度。因为冉有和公西华态度谦逊，而他们又有实际的才干，所以孔子没有哂笑他们。

那么问题又来了，既然孔子并没有否定子路、冉有和公西华的理想，为什么唯独对曾皙给予热情鼓励呢？从孔子对曾皙的支持中，我们能看出什么呢？

宋代大理学家朱熹对此有一个比较权威的解读。他说，曾皙的理想看起来不过是"即其所居之位，乐其日用之常，初无舍己为人之意"（《四书集注》），好像他做的都是些日常小事，没有什么舍己为人的大理想。但是曾皙的内心是完满充盈的，他以自身人格的完善为前提，以万物各得其所为理想，这就比另外那三个人想从事一个具体的职业，在那个职业上做出成绩要高出一个层次。

这就是孔夫子说过的"君子不器"。一个真正的君子从来不是以他的职业素质谋求一个社会职位为目的的，却一定是以修身为起点的，他要从最近的、从内心的完善做起。

我们每个人都有自己的理想，但是在匆匆忙忙周而复始的工作节奏中，还有多少时间，多少空间能让你去关注自己的内心呢？我们所看到的往往只是一个社会的角色，被遮蔽的恰恰是我们心灵的声音。

我曾经看到过这样一个小故事：

有一个人过得很不开心，觉得自己有抑郁症的前兆，就去看心理医生。

他跟医生讲，我每天特别害怕下班，我在工作的时候一切正常，但是一回到家里就会感到惶惑。我不知道自己心里真正的愿望是什么，我不知道该选择什么，不该选择什么。越到晚上，我的心里面会越恐惧，越压抑，所以常常整夜失眠。但是第二天早上一上班，一进入工作状态，我的症状就消失了。长此以往，我很害怕会得上抑郁症。

这个医生认真听完他的倾诉后，给了他一个建议说，在我们这个城市里，有一个非常著名的喜剧演员，他的喜剧演得好极了，所有人看了以后都会开怀大笑，忘怀得失。你是不是先去看看他的演出？等看上一段时间后，我们再聊一聊，看你这种抑郁症前兆是不是有所缓解，然后我们再来商量方案。

听完医生的话，这个人很久很久没有说话。他抬起头来看着医生的时候，已经是满面泪水。他艰难地对医生说，我就是那个喜剧演员。

这好像是一个寓言，但这样的故事很容易发生在我们今天的生活中。大家可以想一想，当一个人已经习惯于自己的角色，在角色中欢欣地表演，认为这就是自己的理想，这就是成功的职业，在这个时候，还有多少心灵的愿望受到尊重呢？我们在角色之外，还留有多大的空间，真正认识自己的内心呢？这就是很多人离开职业角色之后，反而觉得仓惶失措的根源所在。

还有一个有意思的小故事：

隆冬来临之前，在深秋的田埂上，有三只小田鼠忙忙碌碌地做着过冬准备。

第一只田鼠拼命地去找粮食，把各种谷穗、稻穗一趟一趟搬进洞里。

第二只田鼠卖力地去找御寒的东西，把很多稻草、棉絮拖进洞里。

而第三只田鼠呢？就一直在田埂上游游荡荡，一会儿看看天，一会儿看看地，一会儿躺一会儿。

那两个伙伴一边忙活，一边指责第三只田鼠说，你这么懒惰，也不为过冬做准备，看你到了冬天怎么办！

这只田鼠也不辩解。

后来冬天真的来了，三只小田鼠躲在一个非常狭窄的洞里面，看着吃的东西不愁了，御寒的东西也都齐备了，每天无所事事。渐渐地，大家觉得非常无聊，不知道怎么打发这些时光。

在这个时候，第三只田鼠开始给另两只田鼠讲故事。比如在一个

——让学生遇见美好

秋天的下午，它在田埂上遇到了一个孩子，看到他在做什么什么；又在一个秋天的早晨，它在水池边看到一个老人，他在做什么什么；它说曾经听到人们的对话，曾经听到鸟儿在唱一种歌谣……

它的那两个伙伴这才知道，这只田鼠当时是在为大家储备过冬的阳光。

我们再回过头来看曾皙的理想，他在大地开冻、万物欣欣向荣的时节，安排一个洗涤自己、亲近自然的仪式，这个仪式看起来没有任何实用的意义，但是它却能给内心一个安顿。这种安顿需要我们与天地合一，去敏锐地感知自然节序的变化，感知四时，感知山水，感知风月。

这一点对于我们今人来讲是特别奢侈了。在现代化的今天，反季节的事太多了：到了盛夏的时候，屋子里有空调，凉风习习；到了寒冬的时候，屋子里有暖气，温暖如春；到了春节的时候，有大棚里的蔬菜，摆在桌子上五颜六色……当生活的一切变得如此简约的时候，四季走过的痕迹，在我们的心上已经变得模糊；什么四季分明，什么节序如流，在我们心中，已经激不起什么反响。我们不会像曾皙那样敏感，想到在暮春时节，让自己去受一次心灵的陶冶，从而把自己更大的理想，坚定地放飞出去。

理想和行动的关系，就如同引线和风筝的关系。这个风筝能飞多远，关键在于你手中的线。而这条线，就是你的内心愿望。你的内心越淡定，越从容，你就越会舍弃那些激烈的，宏阔的，张扬的，外在的形式，而尊重安静的，内心的声音。这会使你走到社会角色中的时候，能够不失去自我，能够有担当，能够做到最好。

至圣先师——《子路、曾皙、冉有、公西华侍坐》

　　许多人感到，《侍坐》这样一章阐述的理想似乎不同于我们一直以来对于《论语》关于立志的判读，不同于曾子所说的"士不可以不弘毅，任重而道远"（《论语·泰伯》）那样的沉重。但是我们静下来想一想，它却是所有那些人生大道社会理想得以实现的内在基础。一个人如果没有内心的这种从容和对于自我的把握，在他的职业角色中，只能任职业摆布，而不会有对这个职业的提升。

　　孔子强调一个人的内心修养，决不是放弃对社会的责任，而是为了更好地为社会服务。

　　在《论语》中有一段意味深长的对话。

　　学生子贡去问老师："何如斯可谓之士矣？"怎么样才可以叫做"士"呢？

　　我们知道，士这个阶层是中国的知识分子阶层，是那种无恒产有恒心，以天下为己任的阶层，这应该是一个很崇高的名誉。

　　老师告诉他说："行己有耻，使于四方，不辱君命，可谓士矣。"

　　孔子的意思是说，一个人做事的时候要知道什么是礼义廉耻，也就是对自己的行为要有所约束，内心有坚定的不妥协的做人标准；同时这个人要对社会有用，就是你要为社会做事。也就是说，一个人有了内心的良好修养以后，不可以每天只陶醉在自我世界，一定要出去为这个社会做事，你要忠于自己的使命，要做到"不辱君命"。这可不容易，因为你不知道你所要承担的是一个什么样的使命啊。所以这是孔子说的"士"的最高标准。

　　子贡觉得这个标准太高了，就又问，"敢问其次"？还有没有低一些的标准啊？

孔子回答他说："宗族称孝焉，乡党称弟焉。"宗族称赞他孝敬父母，乡里称赞他恭敬尊长。你能够从身边做起，把你那种人伦的光芒放射出来，用这种爱的力量去得到周边人的认可，不辱祖先，这就是次一等的"士"。

子贡又接着问，"敢问其次"。还有没有更下一等的呢？

孔子说："言必信，行必果，然小人哉——抑亦可以为次矣。"说话信用诚实，行为坚定果决，这是不问是非黑白只管自己贯彻言行的小人啊。不过，也可以勉强算为再次一等的士了。

大家看到这里以后一定会瞠目结舌说，这么高的标准才是第三等啊？那种言必信，行必果，答应别人的事情，不管用什么办法，也不管会有什么后果，也一定给你做到，就是能够实践自己诺言的人只能勉强算为第三等的士。可是，"言必信，行必果"这六个字，今天有几个人能做到啊？

子贡可能也觉得这三个标准太高了，于是又追问了一句说，"今之从政者何如"？现在这些当政的人怎么样？他们算得上"士"吗？

结果他的老师说："噫！斗筲之人，何足算也？"这些器识狭小的人算得上什么？也就是说，他们离这样一个士的标准还太远太远。

其实，"士"的这三个标准，是孔子对一个成熟的、能够在社会职业岗位上有所担承的人的质量描述。

士的最高标准是"不辱君命"，这很自然会让我们想起战国时候赵国的蔺相如。大家看《史记·廉颇蔺相如列传》，会注意到"完璧归赵"这个故事。

当年赵王得到价值连城的和氏璧，秦王想设法夺过来。于是他派

至圣先师——《子路、曾皙、冉有、公西华侍坐》

使者告诉赵王说，我愿意用十五座城池来换这块璧。赵王知道秦是虎狼之国，这块璧一旦拿到秦国就没有办法再拿回来。蔺相如说，如果我们不去的话是自己理亏，我带着这块璧去，如果不能换回城池，我豁出命来也不会让它落在秦王之手，有我在就有这块璧在。

等蔺相如带着和氏璧来到秦国，秦王就随随便便在偏殿相见，并让大臣、美人嘻嘻哈哈地传看这无价之宝。蔺相如一看就明白了，这块玉在这里不受尊敬，就像赵国不受尊敬一样，要拿回来是很难的事情。于是他就跟秦王说，大王，这块美玉是有瑕疵的，你给我，我指给你看。等秦王把这块璧还到他手里，蔺相如退后几步靠在柱子上，怒发上冲冠，持璧而立，跟秦王说，你在这样一个地方迎接这块玉，是对宝玉，也是对赵国的不尊重。你知道我们来之前，焚香顶礼，斋戒十五天，以示对秦国的尊重。我奉玉而来，而你随便把这块玉传与大臣、美人，这样一个懈慢的态度就让我知道，你们不是真正想要用城池来换和氏璧的。如果你真要这块玉，你也要像我们一样斋戒焚香十五天，而且你要先把城池划给我们，我才能够再把这块玉给你。不然的话，我的头和这块玉现在就同时撞碎在你金殿的大柱上。秦王害怕了，赶紧答应了他的要求。

蔺相如知道秦王不会履行诺言，所以连夜让家人带着这块美玉逃回了赵国。他自己则留下来，最后跟秦王做一个交代。他对秦王说，我知道你没有真正给我们城池之心，现在完璧已经归赵了。

这样的例子在中国古代典籍中并不缺乏。在一个突变的情形下，一个人怎么样能够有所担当，其实是一个成熟的人在职业角色中所要受到的一种考评。人怎么样可以变得无畏，可以变得淡定而不仓惶？

这需要在心中找到一个符号的寄托。这个寄托不见得是大家共同认可的一个宏大理想，也不见得是一种权势、金钱之类的东西。可以说，每一个人都有自己的"达·芬奇密码"，每一个人的生命链条中一定有他自己最在乎的东西，但凡找到这样一个寄托，就会给你这一生找到一个依凭，会找到自己的一个内心根据地。

在《论语》中，一切高远的理想，都建立在朴素的起点上。我们要相信思想的力量是这个世界上最巨大的力量之一。中国知识分子所要的并不是一种物质生活的奢侈，但他们一定要心灵悠游上的奢侈。

有一次孔子说想搬到九夷，也就是东方偏远的少数民族地区去住。

有的劝他说："陋，如之何？"那么一个简陋的地方，怎么好住呢？

孔子却淡淡地回答说："君子居之，何陋之有？"

这句话可以从两个角度来理解。第一个角度，是君子有天下使命，不管这个地方是奢华的还是简陋的，对他来讲只是一个外在环境而已；第二个角度，就是君子的内心有一种恒定的能量，他可以使得周边熠熠生辉，繁华似锦，他自己生命里面的气场可以去改变一个简陋的地方。

唐代大诗人刘禹锡写的《陋室铭》大家都熟悉，在这样短短一篇铭里面，他把古往今来的名士对于简易的朴素居住环境的这种判读全都呈现出来了。他说，我们居住的这种物质环境可能无法改变，也无须苛求，你周边来往的人才是最重要的环境，所谓"谈笑有鸿儒，往来无白丁"，如果你和朋友之间谈论的是共同的志向和共同的寄托，大家有共同的理想，那么这种居住条件的简陋就一点都不重要了。

所以，理想之道是什么？就是给我们一个淡定的起点，给我们一点储备心灵快乐的资源。

其实我们真正读懂了《侍坐篇》，看到了"吾与点也"这句喟叹，知道这样一位万世师表的圣人，心中对于那种"浴乎沂，风乎舞雩"，在"莫（暮）春"时节"咏而归"的生活方式心存向往的时候，我们就知道，这种阐述跟庄子所说的独与天地精神共往来是如出一辙的。

也就是说，所有古圣先贤首先是站在个人的价值坐标系上，了解了自己心灵的愿望，然后才会有宏图大志想在这个世界上有所建树。

我们都想要一生建立一个大的坐标，对于前方的远景找到一个起点。让我们从自知之明去建立心灵的智慧，让我们走进《论语》，也做孔子席前一个安静的学生，跨越这千古的沧桑，在今天看一看他那淡定的容颜，想一想他让我们去到自然中的鼓励，在我们每一天忙碌的间隙里面，给自己一点点心灵的仪式，而不至于像那个人格分裂的演员一样不敢面对自己的内心。其实在今天这样一个后工业文明的社会里，《论语》传递出的这样一种温柔的思想力量，淡定的、清明的理念，它鼓励了我们对内心的关照，让我们有理由相信我们的理想是有根的。

陋室不陋——《项脊轩志》

散文是我国古代的主要文体之一。我国古代把与韵文、骈体文相对的散体文章称为"散文"。我国古代散文的发展大致经历了以下几个时期:

一、先秦时期

殷商甲骨文的某些卜辞已可算做片段散文,成篇的散文可以追溯到《尚书》。原称《书》,到汉代改称《尚书》,意为上代之书,是我国第一部上古历史文件和部分追述古代事迹著作的汇编,它保存了商周特别是西周初期的一些重要史料。

《尚书》所录,为虞、夏、商、周各代典、谟、训、诰、誓、命等文献。其中虞、夏及商代部分文献是据传闻而写成,不尽可靠。"典"是重要史实或专题史实的记载;"谟"是记君臣谋略的;"训"是臣开导君主的话;"诰"是勉励的文告;"誓"是君主训诫士众的誓词;"命"是君主的命令。还有以人名为标题的,如《盘庚》《微子》;有以事为标题的,如《高宗肜日》《西伯戡黎》;有以内容为标题的,如《洪范》《无逸》。这些都属于记言散文。也有叙事较多的,如《顾命》《尧典》。其中的《禹贡》,托言夏禹治水的记录,实为古地理志,与全书体例不一,当为后人的著述。自汉以来,《尚书》一直被视为中国封建社会的政治哲学经典,既是帝王的教科书,又是贵族子弟及士大夫必遵的"大经大法"，在历史上很有影响。

《尚书》的文字内容特点。《尚书》所记基本是誓、命、训、诰一类的言辞。文字古奥迂涩，所谓"周诰殷盘，诘屈聱牙"就是指这个特点。但也有少数文字比较形象、朗畅。《尚书》是中国最古的记言的历史。所谓记言，其实也是记事，不过是一种特别的方式罢了。记事比较的是间接的，记言比较的是直接的。中国的记言文是在记事文之先发展的。商代甲骨卜辞大部分是些问句，记事的话不多见。两周金文也还多以记言为主。直到战国时代，记事文才有了长足的进展。古代言文大概是合一的，说出的、写下的都可以叫做"辞"。卜辞我们称为"辞"，《尚书》的大部分其实也是"辞"。我们相信这些辞都是当时的"雅言"，就是当时的官话或普通话。但传到后世，这种官话或普通话却变成了诘屈聱牙的古语了。《尚书》包括虞、夏、商、周四代，大部分是号令，就是向大众宣布的话，小部分是君臣的相告的话。

《尚书》是中国古代散文已经形成的标志。书中文章，结构渐趋完整，有一定的层次，已注意在命意谋篇上用功夫。后来春秋战国时期散文的勃兴，是对它的继承和发展。秦汉以后，各个朝代的制诰、诏令、章奏之文都明显地受它的影响。刘勰《文心雕龙》在论述"诏策""檄移""章表""奏启""议对""书记"等文体时，也都溯源到《尚书》。《尚书》中部分篇章有一定的文采，带有某些情态，如《盘庚》3篇，是盘庚动员臣民迁殷的训词，语气坚定、果断，显示了盘庚的目光远大。

先秦历史散文为中国的历史文学奠定了基础，对后世历史家和古文家都产生了极为深远的影响。

殷商时代有了文字，也就有了记史的散文。到了周朝，各诸侯国的史官进一步以朴素的语言、简洁的文字记录了列国间的史实，如《春秋》。以后，随着时代的需求，产生了描述现实的历史文学，这就有了《左传》《国语》《战国策》等历史著作。《左传》与《战国策》是先秦历史散文的代表。"至战国而后世之文体备"（章学诚《文史通义诗教上》）。

《左传》是《春秋左氏传》的简称，又名《左氏春秋》，相传是春秋末年鲁国的史官左丘明所著，共18万字，记载了春秋240年间列国的政治、军事、外交活动和言论以及天道、鬼神、灾祥、占卜之事。这部书叙事富于戏剧性，情节紧凑，战事描写尤为出色，语言精炼、富于形象。

《国语》是国别史，分别记载了周王朝及诸侯各国之事，记言多于记事，所记大多为当时较有远见的开明贵族的话。

《战国策》作者不可考，现在版本为西汉刘向辑成。它同《国语》一样，也是分国记事，记载了西、东周及秦、齐、楚、赵等诸国之事，记载内容是谋臣策士的种种活动及辞说。文章的特点是长于说事，善用比喻，人物形象塑造极为生动。

春秋战国时代，百家争鸣，产生了诸子散文。

春秋战国之交是社会大变革的时代，各种学术流派纷纷著书立说，争论不休，形成百家争鸣的局面。代表不同阶级或阶层的思想家的著作，促进了说理散文的发展。这些思想家有儒家、墨家、道家、法家等。记载他们言论的书流传到现在的有《论语》《孟子》《墨子》《庄子》《韩非子》等。

《论语》和《孟子》是儒家诠释"仁"的著作。《论语》是记录孔丘及其弟子言行的，其中多半是简短的谈话和问答。《孟子》是记载孟轲言论的。孟轲长于辩论，因此书中语言明快，富于鼓动性。

《墨子》代表墨翟"兼爱"的主张，语言朴素，说理明确，逻辑性很强，《兼爱》《非攻》等篇极有代表性。

《庄子》代表道家庄周"无为而治"的主张。庄子散文在诸子中独具魅力。这表现在作者具有奇幻的想象力和敏锐的观察力，善用民间寓言，长于譬喻，使文章富于文学趣味。

《韩非子》代表法家"因时制宜"的主张。韩非散文结构严谨，锋芒锐利，说理深刻。

《荀子》代表荀况的学说，现有32篇，多长篇。荀子散文特点：论点明确、层次清楚、句法整练、词汇丰富。

《吕氏春秋》是秦丞相吕不韦门客的集体创作。它包括八览、六论、十二纪，兼有儒、道、墨、法、农诸家学说。书中保留了大量先秦时代的文献和佚事。它是一种系统化的、集合许多单篇的说理文，层层深入，最见条理。和诸子散文一样，它往往以寓言故事为譬喻，因而文章富于形象性。

先秦诸子的说理散文无论在思想上，还是在艺术风格上，都对后世散文的发展产生了显而易见的影响。

二、两汉时期

两汉时代，散文进一步发展。

（一）政论文

汉初，政论散文有所发展。贾谊（前200—前168年）是西汉初年杰出的文学家，他的文章《过秦论》总结了秦代灭亡的原因，汲取了秦末农民起义的教训，发展了先秦的民本思想。他的散文善用比喻，语言富于形象性。

除贾谊外，汉初还有不少散文家，他们的文章大多或论秦之得失，或针对时弊，提出自己的主张，其中以晁错和邹阳成就较高。晁错以主张募民备塞的《守边劝农疏》《论贵粟疏》两篇散文最为著名。

（二）史传文

汉武帝时，罢黜百家，独尊儒术，封建王朝迫切需求总结古代文化，给予大一统的统治局面以哲学和历史的解释。

（1）《史记》。

司马迁的《史记》代表了两汉散文最高成就。它的出现将先秦历史散文又大大向前发展了一步。鲁迅先生在《汉文学史纲要》一书中称赞《史记》是"史家之绝唱，无韵之离骚"。《史记》的贡献和特点主要体现在以下几个方面：

①开创了"纪传体"体例。纪，指本纪，即皇帝的传记；传，指列传，是一般大臣和各式人物的传记。历史人物是丰富多彩的，历史现象是纷纭复杂的。司马迁在前人的基础上，在《史记》中以本纪、表、书、世家、列传五体结构。创造性地探索了以人物为主体的历史编纂学方法。"本纪"按年代顺序记叙帝王的言行和政绩；"表"按年代谱列各个时期的重大事件；"书"记录了各种典章制度的沿革；"世家"载述诸侯国的兴衰和杰出人物的业绩；"列传"记载各种代表人物的活动。司马迁创造性地把这五种体裁综合起来，形成一个完整的统一体系。

②《史记》开创了政治、经济、民族、文化等各种知识的综合纂史方法。从传说中的黄帝开始，一直写到汉武帝时期，记载了我国近三千年的历史，是我国第一部规模宏大、贯通古今、内容广博的百科全书式的通史。在《史记》中，司马迁第一个为经济史作传：《平准书》《货殖列传》；司马迁又第一个为少数民族立传：《匈奴列传》《西南夷列传》等；他还第一个为卑微者列传：《刺客列传》《游侠列传》等。《史记》第一次把政治、经济、文化各个方面都包容在历史学的研究范围之内，从而开拓了历史学研究的新领域，推动了我国历史学的发展。由于纪传体可以容纳广泛的内容，有一定的灵活性，又能反映出封建的等级关系，因而这种撰史方法，为历代史家所采用，影响十分深远。

③秉笔直书，是我国宝贵的史学传统，司马迁的《史记》对此有很好的发挥。秉笔直书，就是史学家必须忠于历史史实，既不溢美，也不苛求，按照历史的本来面貌撰写历史。《史记》明确表示反对那种"誉者或过其失，毁者或损其真"的做法。项羽是司马迁心目中的英雄，因此，司马迁以极大的热情和强烈的爱记述了项羽的伟业。但对于项羽的骄傲自大和企图以武力征服天下的致命弱点，司马迁也进行了深刻的批判。对于先秦的法家和秦代的暴政，从感情上司马迁是愤恨的，但他做到了不因憎而增其恶。相反，对法家的改革和秦代统一中国的历史作用，他都予以充分的肯定。正因为司马迁的实录精神，才使《史记》以信史闻名于世。《史记》还贯穿一条重要线索，即重视人的历史作用。司马迁是反天命的。强调人是历史的中心。因此，他在写帝王将相的同时注意为社会上的各种人立传，尤其是把农民起义的领袖陈胜、吴广，放到与王侯功臣以及封建社会的圣人孔子同等的

地位来写。所以在《史记》中，既有战国七雄的世家、萧丞相（萧何）、留侯（张良）的世家、孔子的世家，同时也有《陈涉世家》。司马迁也很重视物质生产活动在历史上的作用，把经济状况同政治上的治乱兴衰紧密地联系在一起。他还强调总结历史经验，提出以史为镜、鉴往知来的思想。由于司马迁在历史编纂学上的伟大创造精神，他的进步的史学思想和严谨的治史方法，使《史记》成为我国史学史上一座巍峨的丰碑，司马迁也赢得了"中国史学之父"的美名。

④《史记》是一部形象生动的历史，它的文采历来为我国文学界所称颂，它开创了我国传记文学的先河。司马迁像一个出色的画家，以他那十分传神的画笔，为我们勾画出一个个栩栩如生的人物画像；又像一位善于捕捉瞬间的雕塑家，以他那锋利的刻刀，为我们塑造了一个个风采各异的雕像。在《史记》这座人物画廊里，我们不仅可以看到历史上那些有作为的王侯将相的英姿，也可以看到妙计藏身的士人食客、百家争鸣的先秦诸子、"为知己者死"的刺客、已诺必诚的游侠、富比王侯的商人大贾，以及医卜、俳优等各种人物的风采，给人以美的享受和思想上的启迪。司马迁创造性地把文、史熔铸于一炉，为我们写下了一部形象的历史。所以，鲁迅先生称赞《史记》为"史家之绝唱，无韵之《离骚》"。正因为如此，在中国古代浩瀚的史著中，《史记》拥有的读者量是首屈一指的。

（2）《汉书》。

在《史记》的影响下，东汉产生了不少历史散文著作，班固的《汉书》便是其中的杰出代表。

①《汉书》具有浓厚的封建正宗思想。

陌室不陋——《项脊轩志》

　　班固时，封建神学思想已发展成为当时的统治思想，而班氏父子又是"唯圣人之道然后尽心焉"的史学家，他们自然以维护封建神学思想为己任，将"圣人之道"作为自己著作的指导思想。这样，作者一面承袭《史记》的内容，一面又指责它的"是非颇谬于圣人"，因而篡改《史记》的观点，使《汉书》更加符合于封建正宗思想。《汉书》神化西汉皇权、拥汉为正统的思想，其目的是为论证东汉王朝的正统性和神化东汉皇权服务的。因此，以阴阳五行学说为理论根据的"五德终始说"和王权神授的封建神学说教，便成为《汉书》的主导思想。为了宣扬"天人感应"、灾异祥瑞的封建神学思想，《汉书》首创《五行志》，专门记述五行灾异的神秘学说，还创立《睦西夏侯京翼李传》，专门记载五行家的事迹。

　　②《汉书》开创了断代为史的编纂体例。

　　班固之所以断代为史，并不是偶然的，而是适应时代的要求。他总结汉武帝到东汉初年，约一个半世纪的历史著作，加以创造性的发展，其目的是为当时统治阶级的政治服务。班固认为，《史记》的通史体例，将西汉一代"编于百王之末，厕于秦项之列"，既不利于宣扬"汉德"，又难以突出汉代的历史地位。这是《汉书》断代为史的根据。于是，《汉书》"包举一代"，断限起自西汉建立，终于新朝的灭亡，为了突出刘邦，就将《高帝纪》置于首篇。这种断代为史的体例，受到后来封建史家的赞誉，并成为历代"正史"编纂的依据。在编纂体例方面，《汉书》继承而又发展《史记》的编纂形式，使纪传体成为一种更加完备的编纂体例。例如，《史记》虽然立了《吕后本纪》，但却用惠帝纪年，《汉书》补立《惠帝纪》，解决《史记》在体例上的混乱；对于年月的记载也比《史记》详细和明确。再者,《汉书》新创立的四种志,对于西汉的政治经济制度和社会文化的记载,比《史记》更加完备,从而提高了《汉书》的史料价值。对于传记的编排,《汉书》基本上按时间先后为序,体例上也比《史记》整齐划一。

③资料丰富,保存许多重要的历史文献。

现存《汉书》约80万字,卷帙比《史记》繁富。它增载不少重要的诏令,主要集中在帝纪部分。在许多人物传记中,《汉书》又收入大量有关政治、经济、军事和文化方面的奏疏、对策、著述和书信。在《汉书》的10志中,也有类似的重要历史文献的收载,如《食货志》收入晁错的《论贵粟疏》等。《汉书》还增补《史记》对于国内外各民族史的资料。例如,在《史记·匈奴列传》的基础上,《汉书》大量增补汉武帝以后的史实,较完整地记述了自远古至西汉末年匈奴民族的历史。《汉书》又合并《史记》的南越、东越、朝鲜、西南夷诸传,在补充大量的史实基础上,以合传形式写成较为详细的《西南夷两粤朝鲜传》。同时,改《史记·大宛列传》为《西域传》,记述今新疆境内我国各民族历史,以及中亚和西南亚诸国史。

(三)赋

汉代出现了一种新的文体"赋"。赋的名称始于战国赵人荀卿的《赋篇》,到后代形成了特定的体制。讲究文采、韵节,兼具诗歌和散文的双重性质。接近散文的称"文赋",接近于骈文的称"骈赋"。

汉赋以铺叙事物见长,继承了《楚辞》一些形式上特点,更多地采用散文手法,因其篇章宏大,后世称为"大赋"。大赋是对东汉以后抒情为主的"小赋"而言。大赋大都以问答为骨架,铺陈名物、排比词藻、好用古文奇字和双声叠韵词，铺陈多用整齐对称的韵语，叙述多用散文句。枚乘《七发》是汉赋正式形成的第一篇作品。其他代表作如司马相如《上林赋》、扬雄《长杨赋》、班固《两都赋》、张衡《二京赋》等。

小赋是汉代后期继大赋后出现的新体赋，至六朝而盛行。多为抒情作品，篇幅较小，少用典故。至唐宋，进士考试科目中的律赋亦称小赋。这些赋短小精悍，不再是主客对话的形式，而是作者的直接描写。

三、魏晋南北朝

魏晋南北朝时期，文章多讲求声律，形成骈俪文体，《水经注》《洛阳伽蓝记》不同凡响。

魏晋南北朝的文坛出现了新的格局，并开拓出个性化与美文化的多元发展前景。在各种文体中，辞赋创作的时代特征最为突出，与汉赋的对比也最为鲜明。讲究对偶、声律和藻饰之美成为风气，文章的句式结构逐渐发生变化，其结果是骈文的出现和成熟。赋体受诗的影响，也趋于骈化，有些赋其实就是骈文。北朝文坛虽然整体上受骈化的影响，但仍有别具风格的散体名篇大放异彩，从而构成对唐代文坛发展的多重影响。

辞赋在魏晋时期出现了新局面，其标志是抒情小赋的涌现，从而拓展了辞赋的表现领域与表现风格。沿着东汉以来情理赋发展的方向，魏晋之际的辞赋创作显示出抒情化、小品化的特色。随着感情表现领域的扩大，作者的表现力也在个性化的基础上得到进一步的加强。与东汉班固、张衡等赋家兼善散体大赋与骚体辞赋不同，这一时期的作家往往集诗人与小赋作者于一身，这也标志着诗赋交相影响的深化。王粲的诗赋为"七子之冠冕"（《文心雕龙才略》），代表作《登楼赋》。由于主体意识和抒情因素的强化，魏晋时期涌现出一批体物写志的佳作，如曹植写《洛神赋》。

辞赋生机的焕发，还表现在大赋的体式功能得到一定的调动。和魏晋以来，大赋仍有表现严正重大题材的习惯，不过与汉代不同的是，它已不限于国家政治生活之一端（如左思《三都赋》、潘岳《籍田赋》），更多更重要的是个人生活中的大事，如潘岳《西征赋》以及南北朝时期谢灵运《山居赋》、梁武帝《净业赋》、梁元帝《玄览赋》、颜之推《观我生赋》等。汉大赋多有以"乱"、"诗"、"歌"等形式系之文末的，但一般说来，这类文字的声情之美游离于主体结构之外，而魏晋以后的大赋则倾向于有意识地在主体结构中汲取诗意，不少中长篇作品的命题就取自诗骚或抒情小赋。被刘勰认为是"策勋于鸿规"的潘岳（《文心雕龙诠赋》），在这方面颇具匠心，如其《秋兴赋》之于宋玉《九辩》，《闲居赋》之于张衡《归田赋》，《西征赋》之于班彪父女的《北征赋》《东征赋》都是如此。后世庾信《哀江南赋》题目取自《楚辞招魂》"魂兮归来哀江南"。杜甫也常以赋题为诗，如其《秋兴》和《北征》，一为联章，一为长篇，这种拓展文体的方法，可以在此找到发源的因素。南北朝时期最杰出的赋家是庾信，代表作《哀江南赋》。

四、唐宋时期。

中唐韩愈、柳宗元领导了古文运动，"文起八代之衰"。北宋时，欧阳修力倡古文，苏氏父子等人互相应和，古文日渐占领文坛。

唐朝韩愈大力反对浮华的骈俪文，提倡作古文，一时从者甚众，

陌室不陋——《项脊轩志》

后又得柳宗元大力支持，古文创作业绩大增，影响更大，成为文坛的主要风尚，文学史上称其为古文运动。以韩柳为首的古文运动的胜利，树立了一种摆脱陈言俗套，自由抒写的新文风，大大提高了散文的抒情、叙事、议论、讽刺的艺术功能。

中唐以后，古文运动一度衰落，到了宋代，欧阳修再一次掀起了古文运动，此后的王安石、曾巩、苏轼、苏洵、苏辙等人都在古文革新运动的影响之下取得了各自的成就，后人将他们与唐代韩愈、柳宗元合称为"唐宋八大家"。

北宋的历史文学家司马光编有一部历史巨著《资治通鉴》，它除具有史学价值外，还非常具有文学价值。

南宋散文家在北宋诸位大家影响下，产生了一部分上书言事的政论文，表现了作者鲜明的政治态度，胡铨、陈亮、叶适是这方面的代表作家。古文运动的成功，使散文更切合实用，南宋时大量出现的笔记杂文便是一个明证。洪迈的《容斋随笔》、王明清的《挥尘录》是笔记杂文中的佳作，此外，朱熹（1130—1200年）的古文长于说理，造诣非浅。

五、元明清时期。

本期散文基本上继承发展了唐宋古文运动的精神。明代出现了前后七子的复古派，反对复古的唐宋派，主张性灵的公安派，出现了归有光等散文大家，清代影响最大的是桐城派。

明初的宋濂（1310—1381年）是"开国文臣之首"，他的一部分传记文很有现实意义，比较著名的作品有《秦士录》《王冕传》《李疑传》等。明中叶以后，针对程朱理学、八股文的束缚，以李梦阳、何景明为首的前七子发起"复古运动"，倡导文必秦汉。他们在对扫荡八股文风起到一定积极作用的同时，又走上了盲目摸拟古人的路子。后来的李攀龙、王世贞为代表的"后七子"复古运动，也再一次重复了他们的错误。

归有光等"唐宋派"首先起来反对复古派，进而是万历年间的公安派也加入猛烈抨击拟古主义的队伍。

公安派以袁宗道、袁宏道、袁中道为代表，时称"三袁"，袁宏道（1568—1610年）最为著名。他们认为不同的时代有不同的文学，因此反对贵古贱今，模拟古人。袁宏道更出于作家的主观要求提出了"性灵说"。公安派的散文创作特点是：冲破传统古文的陈规旧律，自然流露个性，语言不事雕琢。

与公安派存在的同时还有钟惺、谭元春为代表的竟陵派，他们也主张独抒性灵。

公安派与竟陵派革新的直接产物是晚明大量出现的小品散文，这是传统散文的一个发展，张岱（1597—）是小品散文作者中比较有成就的一位。他的小品散文题材较广，山水名胜、风俗世情、戏曲技艺乃至古董玩具等都可以入他的文。他的散文语言清新活泼，形象生动，广览简取，《西湖七月半》《湖心亭看雪》是他的代表作。

明末清初，晚节不保的侯方域（1618—1654年）的散文取得了较高的艺术成就，代表作有《李姬传》《马伶传》《任源邃传》等。

桐城派古文是清中叶最著名的一个流派，主要作家方苞、刘大櫆、姚鼐都是安徽桐城人，桐城派因此而得名。方苞（1668—1749

年）继承归有光的传统，提出"义法"主张，并使之成为桐城派古文的基本理论。桐城派古文作品选材用语只重阐明立意，而不期堆砌材料，因而文章一般简洁自然，但缺乏生气，代表作品有方苞的《狱中杂记》、《左忠毅公逸事》，姚鼐的《登泰山记》等。与桐城派对立存在的是提倡"骈文"的复社作家，汪中（1744—1794年）是其中成就最大者。

清初有不少成绩突出的散文家，如王猷定、魏禧。王猷定（1599—约1661年）的传奇性散文以小说传奇体打破了传统古文写法，代表作有《李一足传》《汤琵琶记》《义虎记》等。魏禧（1624—1680年）以人物传记最为突出，代表作是《大铁椎传》。

散文的主要特点：

1.形散而神不散。

"形散"主要是说散文取材十分广泛自由，不受时间和空间的限制；表现手法不拘一格：可以叙述事件的发展，可以描写人物形象，可以托物抒情，可以发表议论，而且作者可以根据内容需要自由调整、随意变化。"神不散"主要是从散文的立意方面说的，即散文所要表达的主题必须明确而集中，无论散文的内容多么广泛，表现手法多么灵活，无不为更好的表达主题服务。

2.意境深邃，注重表现作者的生活感受，抒情性强，情感真挚。

作者借助想象与联想，由此及彼，由浅入深，由实而虚的依次写来，可以融情于景、寄情于事、寓情于物、托物言志，表达作者的真情实感，实现物我的统一，展现出更深远的思想，使读者领会更深的道理。

3.语言优美凝练，富于文采。

所谓优美，就是指散文的语言清新明丽，生动活泼，富于音乐感，行文如涓涓流水，叮咚有声，如娓娓而谈，情真意切。所谓凝练，是说散文的语言简洁质朴，自然流畅，寥寥数语就可描绘出生动的形象，勾勒出动人的场景，显出深远的意境。散文力求写景如在眼前，写情沁人心脾。散文素有"美文"之称，它除了有精神的见解、优美的意境外，还有清新隽永、质朴无华的文采。经常读些好散文，不仅可以丰富知识、开阔眼界，培养高尚的思想情操，还可以从中学习选材立意、谋篇布局和遣词造句的技巧，提高自己的语言表达能力。

散文的鉴赏技法：

散文鉴赏，重点是把握"形"与"神"的关系。散文鉴赏应注意以下几点：

1.读散文要识得"文眼"。

凡是构思精巧、富有意境或写得含蓄的诗文，往往都有"眼"的安置。鉴赏散文时，要全力找出能揭示全篇旨趣和有画龙点睛妙用的"文眼"，以便领会作者为文的缘由与目的。"文眼"的设置因文而异，可以是一个字、一句话、一个细节、一缕情丝，乃至一景一物。并非每篇散文都有必要的"文眼"。

2.读散文要抓住线索，理清作者思路，准确把握文章的立意。

结构是文章的骨架，线索是文章的脉络，二者是紧密联系的。抓住散文中的线索，便可对作品的思路了然于胸，不仅有助于理解作者的写作意图，而且也是对作者谋篇布局本领的鉴赏，从而透过散文的"形散"的表象抓住其传神的精髓，遵循作者的思路，分析文章的立意。

3.注意散文表现手法的特点，深入体会文章的内容。

散文常常托物寄意，为了使读者具体感受到所寄寓的丰富内涵，作者常常对所写的事物作细致的描绘和精心的刻画，就是所谓的"形得而神自来焉"。我们读文章就要抓住"形"的特点，由"形"见"神"，深入体会文章内容。

4.注意展开联想，领会文章的神韵。

注意丰富的联想，由此及彼，由浅入深，由实到虚，这样才能体会到文章的神韵，领会到更深刻的道理。

5.品味散文的语言。

散文的一大特色就是语言美。一篇好的散文，语言凝练、优美，又富于哲理、诗情、画意。体味散文的语言风格，就可以对散文的内容体味地更加深刻。

关于归有光。

归有光（1507年1月6日—1571年2月7日），字熙甫，又字开甫，别号震川，又号项脊生，世称"震川先生"。汉族，苏州府太仓州昆山县（今江苏昆山）宣化里人。明代官员、散文家，著名古文家。

嘉靖十九年（1540年），归有光中举人，之后参加会试，八次落第，遂徙居嘉定安亭江上，读书谈道，学徒众多。嘉靖三十三年（1554年），倭寇作乱，归有光入城筹守御，作《御倭议》。嘉靖四十四年（1565年），归有光六十岁时方成进士，历长兴知县、顺德通判、南京太仆寺丞，故称"归太仆"，留掌内阁制敕房，参与编修《世宗实录》。隆庆五年（1571年）病逝，年六十六岁。

归有光崇尚唐宋古文，其散文风格朴实，感情真挚，是明代"唐宋派"代表作家，被称为"今之欧阳修"，后人称赞其散文为"明文第一"。与唐顺之、王慎中并称为"嘉靖三大家"，又与胡友信齐名，世称"归、胡"。著有《震川先生集》《三吴水利录》等。

归有光一生遭遇如何？

科举不顺。

归有光于明武宗正德元年十二月二十四日（1507年1月6日）出生在苏州府太仓州昆山县（今江苏昆山）宣化里一个日趋衰败的大族之中。他八岁时，年仅二十五岁的母亲就丢下三子两女与世长辞，父亲是个穷县学生，家境急遽败落。也许就是这种困境，迫使年幼的归有光过早地懂得了人间忧难，开始奋发攻读。

归有光自幼明悟绝人，九岁能成文章，十岁时就写出了洋洋千余言的《乞醯论》，十一二岁"已慨然有志古人"，十四岁应童子试，二十岁考了个第一名，补苏州府学生员，同年到南京参加乡试。"弱冠尽通六经、三史、大家之文"的归有光，开始时对举业满怀信心，但他参加乡试却连连落第，五上南京，榜上无名，其间惨淡经营，寒窗十五载。嘉靖十九年（1540年），三十五岁的归有光参加南京乡试，受到主考官张治的欣赏，把他视为国士，称他是"贾（谊）、董（仲舒）再世"，将其拔为第二名举人，期待归有光能更进一尺，早日成为进士。此时的归有光已是纵观三代两汉之文，遍览诸子百家，上自九经二十一史，下至农圃医卜之属无所不博。归有光的古文和俞仲蔚的诗歌、张子宾的制艺被誉为"昆山三绝"。以归有光的才学和声望，考取进士应是胜券在握了。在乡试高中的同年冬天，归有光雇上车马日夜兼程北上，准备应第二年的礼部会试。谁知这次会试竟是名落孙山。

陌室不陋——《项脊轩志》

南下还乡后，归有光移居就近的嘉定安亭江上，开始了一边读书应试，一边谈道讲学的生涯。四方学士纷纷慕名而来，少时十几人，多时百余人。归有光的家境一直困贫，全靠妻子王氏料理家事维持生计。居安亭期间，王氏治田四十余亩，督僮奴垦荒，用牛车灌水，以所收米粮供全家及弟子之食，让归有光专心讲学。归有光纵论文史，谈经说道，一时间弟子满门，海内学者文士皆称归有光为震川先生。

归有光名扬海内，连恃才居傲的徐文长（徐渭）对归有光也肃然起敬。一日，状元出身的礼部侍郎诸大绶回乡招请徐文长聚会。可是从黄昏一直等到深夜，徐文长才迟迟而来。问其缘由，说"避雨一士人家，见壁门悬'归有光今欧阳子也'，回翔雒读，不能舍去，是以迟耳"。诸大绶命仆人取那轴归有光的文章来，张灯快读，相对叹赏，至于达旦。

然而，归有光的命运却是困蹇不堪。三年一次的会试，次次远涉千里而去，一连八次都是落第而归。其间四十三岁时，失去了最心爱的长子，时隔一年，又失去了任劳任怨、与己分忧的妻子王氏。仕途的蹭蹬，把这位名扬海内的古文家长期抛弃在荒江僻壤之上。加之失子丧妻的哀痛，使他的生活更加艰难。不过，坎坷的生活，倒也磨炼了归有光深沉坚毅、不屈服于权势与恶运的性格。

嘉靖三十三年（1554年），倭寇作乱，归有光入城筹守御，并写下《备倭事略》《论御倭书》《上总制书》等，分析敌情，条陈方略，向当局献计献策。后来他还写下《昆山县倭寇始末书》《海上纪事十四首》等，流露了同仇敌忾的爱国情感。

勇抗巨子。

——让学生遇见美好

明代科举场上舞弊之风甚盛，虽不重唐代的行卷之习，但是有宗师和大官僚的提携是仕进的重要捷径。归有光久困场屋，对这一科举内幕应是十分明了的。可是，他却绝不从旁门邪道跻身仕途。乡试中举时的宗师张治对归有光十分欣赏，他为归有光后来三番五次不能中式深感惋惜，几次"欲以旧谊招致之"，然归有光"卒守正不一往"。归有光屡不中式时，明穆宗尚未登位。穆宗身边的一位宠幸的宦官慕归有光之名，让侄子拜归有光为师，并几次让归有光进京私谒自己，都被归有光断然拒绝。穆宗登位后，这位宦官权势更大，归有光仍然绝不与之往来。归有光耿介正直、不事权贵的品格，表现在他整个人生的各个方面。在古文领域里，他始终坚持己见，不为群言所惑，敢于与当时统治文坛的"巨子"相抗争。

明代自开国之初的刘基、宋濂等留下一些好文章后，文坛上就开始弥漫起一股浮饰摹古的风气。从永乐到成化的几十年间，久居馆阁的"三杨"（杨士奇、杨荣、杨溥）统领文坛，提倡昌明博大的文体，作文雍容华贵、平庸空泛，号称"台阁体"。于是有以李梦阳、何景明为首的"前七子"起来反对"台阁体"。他们主张"文必秦汉，诗必盛唐"，句摹字拟，以佶屈聱牙为高古。李、何七子致力于诗，散文并非所长，但是声势之盛，曾左右一世。到了嘉靖年间，李攀龙、王世贞等"后七子"又继"前七子"而起，推波助澜，变本加厉，摹古之风愈演愈烈。归有光就是在这种散发着霉臭的摹古风气中异军突起的勇士，是一位敢于反抗潮流的正直文学家。

王世贞和归有光是同乡人，比归有光稍晚。但王世贞从二十二岁进士及第后，官运亨通，步步高升，官至南京刑部尚书，以雄才博学，

陋室不陋——《项脊轩志》

领袖文坛。这时的归有光，虽已颇有声名，但毕竟还是一个身处穷乡僻壤的布衣老儒。用钱谦益的话说，是一个"独抱遗经于荒江虚市之间"的"老举子"。就是这样一个乡间穷儒生，竟然敢与不可一世的王世贞抗争。归有光在《项思尧文集序》中，批判王世贞的言辞十分激烈，其中说："盖今世之所谓文者难言矣。未始为古人之学，而苟得一二妄庸人为之巨子，争附和之，以诋排前人……文章至于宋、元诸名家，其力足以追数千载之上，而与之颉颃，而世直以蚍蜉撼之，可悲也！无乃一二妄庸人为之巨子以倡导之欤？"归有光公开把王世贞讥之为"妄庸巨子"，王世贞得知后甚为恼火，说："妄诚有之，庸则未敢闻命。"归有光毫不客气地回敬道："唯妄故庸，未有妄而不庸者也。"王世贞在晚年完全改变了对归有光的看法，在为归有光写的《归太仆赞》序中说："先生于古文词，虽出之自史、汉，而大较折衷于昌黎、庐陵，当其所得，意沛如也。不事雕饰而自有风味，超然当代名家矣，"赞云："千载有公，继韩、欧阳。余岂异趋，久而始伤。"他在给归有光古文很高评价的同时，也道出了自己的"迟暮自悔"之情。归有光用自己的理论和创作实践终于使他的对手为之折服。

晚年入仕。

归有光虽然"八上公车而不遇"，但还是不愿甘休。嘉靖四十四年（1565年），归有光第九次参加会试时终于中了个三甲进士，这时他年已六十。满腹诗文经义，一心想为国出力的归有光虽年已花甲，壮志依旧未衰。因为归有光是三甲出身，不能授馆职，只能到僻远的长兴当知县。

长兴地处山区，长期没有知县，大小事务都由胥吏把持，豪门大族勾结官府为非作歹，监狱里关满了无辜的百姓，盗贼公行，民间鸡犬不宁。当时有人劝归有光不要去上任，以待更换，但他却毅然前往。他到长兴后的第一件事就是兴办学校，培养后进。第二件事是整治恶吏，平反冤狱。把无辜办了死罪的三十余人省释出狱，为无辜受诬入狱的一百零七人平了反，把鱼肉百姓的恶吏和捕卒快手严加法办。每次审判听讼都让妇女儿童环立案前，不用官话而用吴语审讯，以便百姓申诉。常常当堂决断，而极少具狱。对已入狱者按律令给衣食。一重囚母死，归有光准许他回家料理丧事后自己返回。那重囚料理完丧事后不听旁人唆使，竟然自己返回。

　　归有光一心想学习两汉循吏，做廉洁刚正之官。上司之命若不便施行便搁置不办，而"直行己意"，他公开在《长兴县编审告示》中宣布："当职谬寄百里之命，止知奉朝廷法令，以抚养小民；不敢阿意上官，以求保荐，是非毁誉，置之度外，不恤也。"在知长兴的短短两年中，归有光颇著政绩，深受百姓拥戴，但是这却召来豪强、大吏的不满。

　　隆庆二年（1568年），六十三岁的归有光终因得罪豪强和上官，而被调任顺德府（今河北邢台）通判，管理马政。按明制，"进士为令，无为迁倅"。所以归有光的升迁实为重抑。对这一不公平的降职，归有光非常愤慨，他曾气愤地说："号称三辅近，不异湘水投。"并连上两疏要求辞官，但被朝廷公卿扣压不能上达。归有光抵任后，筑土室一间，整日躲在其中，读书自娱，以示不满。归有光虽然对迁升顺德通判大为不满，但一到任上却还是兢兢业业，一丝不苟。他利用马政通判的清闲，广阅史籍，采访掌故，修了一部完备的《马政志》。

　　抱憾病卒。

陋室不陋——《项脊轩志》

隆庆四年（1570年），归有光到北京朝贺万寿节。同年，受大学士高拱、赵贞吉推荐，升为南京太仆寺寺丞。后来又被首辅李春芳留在内阁，掌内阁制敕房，纂修《世宗实录》，身列文学侍从之位。归有光仕途晚达，十分兴奋，期望自己能借机阅读许多内府秘藏，在学术上获得更深的造诣。但终因劳累过度，在敕房任职仅一年，便身染重病，终于隆庆五年正月十三日（1571年2月7日）抱恨而逝，时年六十六岁。葬于昆山城东南门内金潼里（今邮电局附近）。

文学成就。

归有光的散文"家龙门而户昌黎"（钱谦益《新刊震川先生文集序》）博采唐宋诸家之长，继承了唐宋古文运动的传统，同时又在唐宋古文运动的基础上有所发展。他进一步扩大了散文的题材，把日常生活中的琐事引进了严肃的"载道"之古文中来，使之更密切地和生活联系起来。这样，就容易使文章写得情真意切，平易近人，给人以清新之感。尤其是一些叙述家庭琐事或亲旧的生死聚散的短文，写得朴素简洁、悱恻动人，"使览者恻然有隐"。

其艺术特色是：即事抒情，真切感人。如代表作《项脊轩志》，以"百年老屋"项脊轩的几经兴废，穿插了对祖母、母亲、妻子的回忆，并抒发了人亡物在、世事沧桑的感触。所回忆者人各一事，均属家庭琐事，但极富有人情味。注重细节，刻绘生动。如《项脊轩志》写景，发扬了唐宋文的优良传统，确非前后七子所及。篇幅短小，言简意赅。他的散文名作，如《项脊轩志》《先妣事略》《思子亭记》《女二二圹志》等，均未超过千字。《寒花葬志》为悼念夭殇小婢而作，全文共112字，但以两个细节勾勒婢女形象，写出庭闱人情，极为凝炼。结构精巧，波折多变。如《宝界山居记》由太湖风景写到宝界山居，又对比唐代王维之辋川别墅，并对王维发了议论。《菊窗记》，从洪氏之居的地势、风景写到古人仲长统与陶渊明，夹叙夹议，跌宕多姿。

归有光的这些叙事散文，在当时一味摹古浮饰的散文园地中，就像一泓甘甜的泉水沁人心脾，给人以美的享受，为散文的发展开辟了一片新的境界。他在《备倭事略》《昆山县倭寇始末书》《蠲贷呈子》等文中，刻画了倭寇入侵后昆山一带"屋庐皆已焚毁，赀聚皆已罄竭，父母妻子半被屠剐，村落之间哭声相闻"的惨状。在《书张贞女死事》《张贞女狱事》文中，揭露了恶霸横行、吏治腐败的现实。在《送恤刑会审狱囚文册揭贴》《九县告示》《乞休申文》等文中，表达了自己为民请命的心怀。在《可茶小传》《鹿野翁传》等传记文里，勾勒了一些普通人物的形象。在《己未会试杂记》《壬戌纪行》等纪行文中，记载了当时一些民情世态，这些作品，也还具有一定社会意义。

书斋是读书人心中的精神宿舍，本文就是作者给自己青少年时代读书的书斋写了一个志。"志"就是"记"的意思，是古代记叙事物、抒发感情的一种文体。本文是一篇借记物以叙事、抒情的散文。取名"项脊轩"，有三层含义：

1.项脊，地名，是作者九世祖归道隆所居之处（昆山之项脊泾，今江苏太仓境内）。作者把自己的书斋题为"项脊轩"，含有怀宗追远之意。

2."项脊"，脖子，脊柱之间很小的地方，喻指书房窄小。

3.脖脊之间的地方虽小，作用大，有"脊梁"之意。

研习新课，诵读文章：教师范读，学生齐读。

陋室不陋——《项脊轩志》

梳理文章脉络：一间老屋，两种情感，三个女人。

本文是一篇借记物以叙事、抒情的散文。文章通过记叙项脊轩这间"室仅方丈，可容一人居"的小小书斋，动情地回顾了自己青少年时代的生活和志趣，并由此引出自己和亲人——祖母、母亲、妻子"多可喜、亦多可悲"的往事，表现了物在人亡、三世变迁的感慨，表达了怀念祖母、母亲、妻子的深厚感情。

这篇娓娓动人的抒情佳作，作者写在两个时期，从开头到"殆有神护者"，是在十八岁时写的；以下则是写在"而立"之年。就全篇结构来看，前半部分为主体，后半部分的内容是对前面的充实和补充。全文结构严谨，前后格调一致，感情贯通。

一间老屋：指的是项脊轩

这间老屋有着怎样的特点，又发生了怎样的变化呢？

问：修缮前的项脊轩是什么样子？作者这样写有何作用？

学生讨论后，明确：修缮前的项脊轩有三个特点：

狭小——"室仅方丈，可容一人居"

破旧——"百年老屋"

渗漏——"尘泥渗漉，雨泽下注"

阴暗——"又北向，不能得日，日过午已昏"

寥寥数笔，点出了项脊轩的特点，同时在文中我们也可以感受到作者的主观情感。一种衰败、阴冷的凄清气氛，为后文修缮后的样子做反衬。

问：面对破旧的小屋，作者做了哪些工作？效果如何？

明确：作者对小屋"稍为修葺"，弥补了破旧漏雨的缺陷。"辟窗筑墙",弥补了昏暗阴凉的缺陷。"杂植兰桂竹木",弥补了零落残败的缺陷。又用"借书满架"弥补了小屋狭小、冷寂的缺陷。使小屋变得明亮、幽雅。

问:修缮后的小屋有何特色?作者的情怀怎样?

学生讨论后,明确:修缮后小屋具有三个特点:

明亮——"日影反照,室始洞然"

幽雅——"借书满架""桂影斑驳"

安静——"万籁有声""庭阶寂寂"

作者陶醉于"借书满架,偃仰啸歌"的读书生活;陶醉于"小鸟时来啄食,人至不去"的寂寂庭阶;陶醉于"桂影斑驳,风移影动"的清幽月景。主人公的精神世界和小屋的客观环境融为一体,表达了作者"可喜"的情感。

作者细心雕琢了一幅什么样的画面?为何如此渲染?

明确:兰竹相映,月白风清,桂影珊珊,小鸟时鸣。正是"蝉噪林逾静,鸟鸣山更幽"的境界。

作者渲染如此清幽的境界,体现了作者的安详、宁静,表达了作者鄙弃世俗、甘于清贫自守的情操,也抒写了作者对百年老屋的特殊亲情。

分析文章的情感脉络。

项脊轩,是作者当年安于清贫发奋读书的地方,也是作者同亲人朝夕相处的地方。文章以感情为线索,通过对诸多生活细节的描述,运用真挚感人的语言,表达了作者"喜"和"悲"的不同情感。

写喜:项脊轩的雅致、静谧(变化之可喜、独处之可喜、景色之

陋室不陋——《项脊轩志》

可喜）——读书之乐。

古人的读书之乐：西汉的学者匡衡凿壁偷光来读书，晋代的车胤和孙康囊萤映雪来读书，唐代的韩愈焚膏继晷来读书，孔子的韦编三绝，李密的牛角挂书，董仲舒的目不窥园。

第一段，作者扣住恬静、舒适的书斋生活展开描述。旧时的项脊轩是"室仅方丈"的"百年老屋"，常常"尘泥渗漉，雨泽下注"，加之"北向，不能得日"，简直不堪居住。经作者修葺后，"室始洞然"；"又杂植兰桂竹木于庭"，旧时栏楯遂增光彩。后又"借书满架"，于是，项脊轩就变成理想的书斋了。在家境清寒、动乱不安的境遇中，有了这样一所书斋，就有了一个心灵的港湾、精神的居所，在这里，作者时而"偃仰高歌"，时而"冥然兀坐"，可以尽情享受个中乐趣，领略无穷诗意。而"庭阶寂寂，小鸟时来啄食，人至不去"和"三五之夜，明月半墙，桂影斑驳，风移影动，珊珊可爱"的细节描写，更入神地描绘了这个恬适、静寂、悠闲、雅致的环境，抒发了作者对项脊轩的由衷热爱，表现了作者怡然自得、孤芳自赏的情趣。

写悲：诸父分家　　亲情淡薄　　无奈、悲哀

追忆母亲　　慈爱关怀　　悲伤

缅怀祖母　　殷切期望　　愧疚

思念妻子　　恩爱情深　　悲恸

第二段开始"然余居于此，多可喜，亦多可悲"，是承上启下的过渡句，由叙写项脊轩转到对往事的回忆。先述"诸父异爨"后的生活细节，"内外多置小门，墙往往而是，东犬西吠，客逾庖而宴，鸡栖于厅。庭中始为篱，已为墙，凡再变矣"。形象地写出了家中凌乱不

——让学生遇见美好

堪，每况愈下的可悲景象。接着，详述了母亲对自己的爱抚和祖母对自己的期望。写母亲，是借老妪的口述，表现母亲的温柔慈爱；写祖母，则抓住她看望并勉励孙子的一个感人场面，细致入微地表现了老祖母对孙儿的关怀、疼爱以及殷切期待之情。特别是，祖母持"象笏"对孙儿的叮咛和勉励，嘱咐他为改变"读书久不效"的家庭境况而发奋向上；面对慈母的爱抚，祖母的期望，而自己当时又无法改变"吾家读书久不效"的现状，这就丰富了"悲"的内容。所以每当作者"瞻顾遗迹"，便悲从中来，"长号不自禁"。第四段写"轩凡四遭火"的变故。虽"殆有神护"，但是遭遇火灾之多，足见项脊轩命运之乖蹇，是"悲"的内容的进一步深化。

尤其值得一提的是第五六段中对亡妻的怀念："吾妻来归，时至轩中，从余问古事，或凭几学书。"往事历历如在目前，但是死生不卜，世事难料，在文章结尾，作者深情地说道："庭有枇杷树，吾妻死之年所手植也，今已亭亭如盖矣。"这亭亭如盖的枇杷树融入了作者的无限感伤之情，寄托了作者对往事、对亡妻的缅怀和眷恋，睹物思人，物是人非。真是"树犹如此，人何以堪"！

《项脊轩志》中的三个女人：

慈爱的母亲。

对"我"寄以厚望的祖母。

与"我"恩爱情深的妻子。

写母亲——突出"慈爱关怀"

作者为何不直接叙写自己的丧母之痛，却要通过老妪之口？

人生之中极大悲痛，莫过于幼年失母。作者八岁丧母，对慈母的

陌室不陋——《项脊轩志》

音容笑貌，已不甚了了。但作者却巧妙地通过曾在项家居住的两代乳母之口，感人至深地道出了母亲那对儿女的慈爱之心。作者共记叙了母亲两件琐事：一是母亲当年曾经来过轩中，二是大姊在老妪怀中呱呱啼哭，母亲闻声问饥问寒的情景。尤其是后面这一细节描写，生动传神。绘形绘声地再现了慈母的音容笑貌，引起作者对母亲的深深怀念，眼泪也禁不住潸然而下。

要注意抓住"叩门扉"的典型动作细节，"儿寒乎？欲食乎？"的典型语言细节来分析。

写祖母——突出"殷切期望"。

追忆祖母与怀念母亲是否不同？

这件事是作者亲身经历的，写法与前或以景抒情，或以人物旁白为叙事主线大不相同。作者主要抓住了三个生动感人的细节来描写的。

之一：祖母过来探望"我"，看到孙儿静静读书轩中，笑曰："吾儿，久不见若影，何竟日默默在此，大类女郎也？"话语中既有疼爱之情，又有赞赏之意。

之二：祖母离开时，轻手阖门，自言自语："吾家读书久不效，儿之成，则可待乎？"一个小小的动作，表露出祖母对孙儿的关切之情；喃喃自语中，尤其一个"久"，一个"待"，寄托了祖母对归家多年功名无望，而今终于从孙儿的埋头苦学中似乎看到了希望的激动和喜悦之情。

之三：顷之，祖母持一象笏至，曰："此吾祖太常公宣德间执此以朝，他日汝当用之。"情真意切，语重心长，话语中寄托了祖母殷殷的希望。作者写到这里，回顾自己多年来科举路上的坎坷（屡试不第，

——让学生遇见美好

三十五岁才中举人，八次参加殿试，六十岁才中进士。做县令，因正直，不同流合污，三年后被明升暗降）怎能不禁不住大哭一场呢？

写爱妻：——突出"恩爱情深"

正面写情："时至轩中，从余问古事，或凭几学书""时"，时常，经常，有"问"就有"答"，有"学"就有"教"。字里行间，仿佛能听见项脊轩中不断传出来了欢声笑语，能感受到他们夫唱妇随，心心相印，志趣相投，情深似海的感人场面。

侧面写情："吾妻归宁，述诸小妹语曰：'闻姊家有阁子，且何谓阁子也？'"此语表述非常巧妙，值得玩味：吾妻转述的是诸小妹的话。诸小妹怎么会问起"阁子"的事呢？无疑是"吾妻"经常在她们面前提起的原因。由此还可以推出，"吾妻"在诸小妹面前提起的，不仅是"阁子"，更有"阁子"中的人，"阁子"中他们亲密无间的生活。"其后六年……其后二年……"这一层，交代了妻子亡故之后的一些事情，看似平淡，却也字字含情：前一句，"其后六年，吾妻死，室坏不修"，与开头形成鲜明对比：项脊轩原是既小又暗且破，作者"稍加修葺"再做美化，独居陋室，悠然自得，其乐无穷。如今，因为"吾妻死"，室坏也不想修了。作者没有直写妻死后的伤感，但我们从文章前后的对比中，自然能体会到作者对亡妻深深的怀念之情。二三句写两年后重修项脊轩等事，妻子亡故，已有时日，但复葺旧室，已全然没了当年的热情，平实的语言中，无限伤感溢于言外。

借物抒情：文章到此，看似结束。可作者笔锋一转，又起波澜，巧妙地以描写庭院中亭亭如盖的枇杷树来收束全篇。这看似随意的一笔，却使文章余音缭绕，意蕴无穷。"庭有枇杷树，吾妻死之年所手植也"，

陌室不陋——《项脊轩志》

看到树，自然想当年妻子的音容笑貌，也似乎听到了妻子的欢声笑语。而如今，物犹在人已去，眼前的枇杷树已"亭亭如盖"，有如自己对妻子的浓浓的怀念之情与树俱增，缠绵不尽。作者明写树，实则托物抒情，寄托自己对亡妻的怀念之情。

整理本文写作特点：

1．托物寄情的表现手法。

项脊轩牵系着归家的几代人，而且都是作者最思念的人；项脊轩牵系着作者和家族的许多事，轩的变迁反映了家族命运的变化；轩是作者喜悦与悲哀、希望与梦想的见证。文章处处写项脊轩，实际上是处处在写作者自己的感情，小屋成了全文思想感情的一个缩结，成为抒发内心感受的一个触发点。

作者对自己的书斋项脊轩的无限眷恋的感情，是贯穿全文的一条线索。无论写景、叙事或抒情，看来似乎信手拈来，散漫无章，但实际上都与项脊轩息息相关，由状物而怀人而抒情，三者融为一体，做到了形散神不散。这是本篇由于托物寄情的表现手法而形成的组织材料、安排结构的一大特点。

又如结尾"庭中枇杷树，吾妻所手植也，今已亭亭如盖矣"一句，明写高高的枇杷树，暗写作者对妻子的怀念之情。高高的枇杷树一天天长大，已是亭亭如盖了，作者的怀念之情与树俱长，与日俱增，久久萦怀，永世难忘，大有"天长地久有时尽，此恨绵绵无绝期"之叹。

2．撷取细节，表情传意。

作者选取一些极富情致而叫人睹之神伤、闻之心恸的生活细节，使人物形神毕肖，抒发对祖母、母亲和妻子的至爱真情。如写母亲，借老妪转述的"儿寒乎欲食乎"写出了一个母亲最平常亦最深情的呵护。又如写妻子,"时至轩中,从余问古事,或凭几学书",夫妻有问有答,有教有学,志趣既然相近,伉俪间感情之融洽自可想见。作者就是如此抓住这些看似平常、实则感人肺腑的细节,运用传神之笔,使人物的音容笑貌、举止神态,甚至复杂的心理活动,全都跃然纸上。正是这些生动逼真的家庭琐事、生活细节,传达出亲人间的真情至爱,让人读来哀婉悱恻。

3.语言平实,情意动人。

《项脊轩志》中作者对一事一物一人尽皆平实说来,"不事雕饰",用语极为清新淡雅。但正是这"不事雕饰""而自有风"。例如写老祖母来看望和勉励"我"的场面中,作者无意于雕琢,只是依次将事情如实道来,却十分真实感人。一见面,老祖母说:"吾儿,久不见若影,何竟日默默在此,大类女郎也。"语气亲切而又诙谐,贴切地传达出老祖母对孙子的关切、疼爱的心情。临去,"以手阖门,自语曰:'吾家读书久不效,儿之成,则可待乎!'"一个轻轻的关门动作,几句自言自语,细致地透露出祖母内心的激动、喜悦和对孙子殷切的期望。顷之,"持一象笏至",曰:"他日汝当用之。"寥寥几笔,平淡之至,但感人至深,"令人长号不自禁";同时也准确地勾勒出一位慈祥、平易的出身于世代官宦之家的老者的形象。

总结:多少悲欢离合事,尽在寻常斗室中。紧紧抓住项脊轩活生生的悲欢离合的日常琐事,用清新淡雅的笔触一一点染,将深情融于清墨淡彩之中,把悲剧和喜剧推上心灵的极深处。爱天下之佳屋美景,悲人间的生离死别。用朴实、自然的语言来抒情,以简洁生动的词语

陌室不陋——《项脊轩志》

来叙事。墨至清至淡而情至深至浓，笔至简至洁而意至尽至美。这一切就是《项脊轩志》之所以被历代评论家所推崇，作为归有光的代表作而永垂史册的根本原因。

附：历代名人关于归有光评价

王世贞最初因为文学观点与归有光相左而讨厌他，后来却又不得不佩服他，认为归有光可与韩愈、欧阳修相提并论。他在《归太仆赞》中称：先生于古文词，虽出之自史、汉，而大较折衷于昌黎（韩愈）、庐陵（欧阳修）。当其所得，意沛如也。不事雕饰，而自有风味，超然当名家矣。其晚达而终不得意，尤为识者所惜云。又作赞道：风行水上，涣为文章。当其风止，与水相忘。剪缀帖括，藻粉铺张。江左以还，极于陈、梁。千载有公，继韩、欧阳。余岂异趋？久而始伤。

王锡爵在《归公墓志铭》作铭说：秦、汉以来，作者百家。譬诸草木，大小毕华。或春以荣，或秋以葩。时则为之，匪前是夸。先生之文，六经为质。非似其貌，神理斯述。微言永叹，皆谐吕律。匪筳匪簋，烝肴有飶。造次之间，周旋必儒。大雅未亡，请观其书。

张岱在《石匮书》中评价道：归熙甫、汤义仍（汤显祖）、徐文长（徐渭）、袁中郎（袁宏道），皆生当王（王世贞）、李（李梦阳）之世，故诗文崛起，欲一扫近代芜秽之习。……熙甫亲见王弇州主盟文坛，声华炟赫，奔走四海。熙甫一老举子，独抱遗经于荒江虚市之间，树牙颊相楛柱，不少下，其骨力何似！

钱谦益在《列朝诗集·震川先生小传》中评价归有光的诗文说：

——让学生遇见美好

熙甫为文，原本六经，而好太史公书，能得其风神脉理。其于八大家，自谓可肩随欧（欧阳修）、曾（曾巩），临川（王安石）则不难抗行。其于诗，似无意求工，滔滔自运，要非流俗可及也。又在《题归太仆文集》中称赞道：如熙甫之《李罗村行状》《赵汝渊墓志》，虽韩、欧复生，何以过此？以熙甫追配唐、宋八大家，其于介甫、子瞻，殆有过之无不及也。士生于斯世，尚能知宋、元大家之文，可以与两汉同流，不为俗学所澌灭，熙甫之功，岂不伟哉！

《明史·文苑传》开篇介绍明代"文士"时提及归有光说：归有光颇后出，以司马、欧阳自命，力排李、何、王、李……于是宗李、何、王、李者稍衰。

王鸣盛在《钝翁类稿序》中，从散文发展的角度评价了归有光的贡献：明自永、宣以下，尚台阁体；化、治以下，尚伪秦、汉；天下无真文章者百数十年。震川归氏起于吾郡，以妙远不测之旨，发其淡宕不收之音，扫台阁之肤庸，斥伪体之恶浊，而于唐宋七大家及浙东道学体，又不相沿袭，盖文之超绝者也。

林则徐曾在嘉定归有光祠题一联：

儒术岂虚谈？水利书成，功在三江宜血食；

经师偏晚达，专家论定，狂如七子也心降。

石韫玉：弇州作赞，曰继韩欧。公名一代，公文千秋。

钱基博在《中国文学史》中评价：①唐有裴度、段文昌等扬六朝之颓波；亦与明有唐顺之、归有光辈振八家之坠绪，仿佛差似。②虽以世贞之高名盛气；而有光拔帜易帜以屹自树立，开清桐城之文，而妙出以纤徐。其文由欧阳修以几太史公；虽无雄直之气，驱迈之势，而独得

陌室不陋——《项脊轩志》

史公之神韵。……然有光之文，高者在神境；而稍病虚，声几欲下，亦
有近俚而伤于繁者。特自何李崇岀轧之习，号为力追周秦；王李重扬其
波，天下从风靡。而有光一切刮磨，不事涂饰，而选言有序；不刻画而
足以昭物情，与古作者合符，而后来者取则焉，可不谓之特立独行之
士乎哉！

亡国悲词——《虞美人》

　　词牌:虞美人，美人是著名词牌之一，此调原为唐教坊曲，初咏项羽宠姬虞美人，因以为名。又名《一江春水》《玉壶水》《巫山十二峰》等。双调，五十六字，上下片各四句，皆为两仄韵转两平韵。古代词开始大体以所咏事物为题，配乐歌唱逐渐形成固定曲调，后即开始名为调名即词牌。《虞美人》就是如此。

　　虞姬，项羽的宠姬，常随项羽出征各地。前202年，项羽被刘邦军队围于垓下。项羽知道自己的灭亡已经无法避免，他的事业就要烟消云散，他没有留恋，没有悔恨，没有叹息。他唯一忧虑的是他所挚爱的、经常陪伴他东征西讨的虞美人的命运和前途。毫无疑问，在他死后，虞美人的命运将会十分悲惨，于是慷慨悲歌:"力拔山兮气盖世，时不利兮骓不逝，骓不逝兮可奈何? 虞兮虞兮奈若何! "虞美人在旁听了，泣不成声。那些未曾散去的亲信和侍臣见了，也个个情不自禁，大放悲声。这时，营中更鼓敲了五下，项羽回头对虞美人说:"天将明了，我当冒死冲出重围，你将怎么样! "这时的项羽，竟然说不出让虞美人一起突围的话。虞姬虽然得到项羽宠爱，与项羽难舍难分，但她也是最理解项羽的。为了不使项羽为难，便对项羽说:"贱妾生随大王，死亦随大王，愿大王前途保重! "她一转身，突然从项羽腰间拔出佩剑，向自己项上一横，就这样香消玉殒。项羽抚尸大哭一声，命

亡国悲词——《虞美人》

人就地掘坑掩埋了虞姬,跨上战马,杀出重围。但终究没有逃出汉兵的追击,到了乌江边无处可逃,自刎于江边,这年项羽才31岁。刘邦后来以礼埋葬了虞美人。后来,在虞姬血染的地方就长出了一种罕见的艳美花草,人们为了纪念这位美丽多情又柔骨侠肠的虞姬,就把这种不知名的花叫做"虞美人"。这名称就一直流传到今天。

李煜:李煜,原名李从嘉,南唐中主李璟第六子,生于南唐升元元年(937年)七夕,初封安定郡公,累迁诸卫大将军、副元帅,封郑王,职业是皇帝。中国古代有无数皇帝,也有无数附庸风雅的皇帝,最早写诗的是汉高祖刘邦《大风歌》,但存作很少,写得也一般。在皇帝中,能写诗的不少,能写得有一定层次、境界的不多,而李煜是其中的佼佼者,被称为"词帝"。

在你心中李煜是一个什么样的人?

亡国之君。

李煜善诗文、工书画,丰额骈齿、一目重瞳,因貌有奇表遭长兄太子李弘冀猜忌。李煜为避祸,醉心经籍、不问政事,自号"钟隐"、"钟峰隐者"、"莲峰居士",以表明自己志在山水,无意争位。显德六年(959年),太子弘冀病逝,钟谟以李煜酷信佛教、懦弱少德,上疏请立纪国公李从善为太子。李璟大怒,流放钟谟至饶州,封李煜为吴王,以尚书令参与政事,入住东宫。北宋建隆二年(961年),李璟迁都洪州(今南昌),立李煜为太子监国,留守金陵(今南京)。建隆二年(961年)六月,李璟病逝,李煜在金陵登基,更名为李煜,尊母亲钟氏为圣尊后,立妃周氏为皇后(大周后),封诸弟为王;并派中书侍郎冯延鲁入宋进贡,上表(《即位上宋太祖表》)陈述南唐变故。宋

——让学生遇见美好

太祖回赐诏书，派人前往南唐吊祭、恭贺李煜袭位。九月，宋昭宪太后病逝，李煜遣户部侍郎韩熙载、太府卿田霖入朝纳贡。十二月，李煜设置龙翔军，教练水军。

建隆三年（962年）三月，泉州清源军节度使留从效病发身亡，其子留绍镃袭称留后，李煜降诏追赠留从效为太尉、灵州大都督；四月，泉州部将陈洪进以留绍镃勾结吴越，解送其家族至金陵，推举张汉思为清源留后。六月，李煜遣客省使翟如璧入贡北宋，宋太祖释放南唐降卒千人。十一月，遣水部郎中顾彝入汴京进贡。

乾德元年（963年）四月，泉州副使陈洪进废张汉思，自称留后，李煜就以陈洪进为节度使，以维持泉州对南唐的隶属关系。七月，李煜奉诏入京面见宋太祖。十二月，李煜上表宋廷，请求罢除诏书的不名之礼（李煜继位后，尊奉宋廷，故宋对南唐的诏书不直呼李煜的名讳），改为直呼姓名，未得许可。乾德二年（964年），任韩熙载为中书侍郎、勤政殿学士，主持贡举；又命徐铉主持复试。三月，颁布铁钱。九月，封长子李仲寓为清源公，次子李仲宣为宣城公。十月，仲宣卒，皇后（大周后）感伤而逝，李煜撰《昭惠周后诔》。十一月，太祖遣作坊副使魏丕吊祭，李煜亦遣使入宋，献银二万两、金银龙凤茶酒器数百件。乾德三年（965年）九月，母亲钟氏去世；十月，太祖遣染院使李光图吊祭。乾德四年（966年）八月，李煜遣龚慎仪持诏书出使南汉，相约臣服宋朝，龚慎仪至南汉，被扣留。乾德五年（967年）春，李煜命两省侍郎、给事中、中书舍人、集贤勤政殿学士值班光政殿，咨问国事，每至深夜。开宝元年（968年），境内大旱，宋太祖赐米麦十万石。十一月，立周氏为皇后（小周后）。

亡国悲词——《虞美人》

开宝四年（971年）十月，宋太祖灭南汉，屯兵汉阳，李煜非常恐惧，去除唐号，改称"江南国主"，并遣其弟郑王李从善朝贡，上表奏请罢除诏书不直呼姓名的礼遇，太祖同意，但扣留李从善。同年，有商人告密，宋军于荆南建造战舰千艘，请求派人秘密焚烧北宋战船，李煜惧怕惹祸，没有批复。时国家形势紧迫，李煜忧心似焚，每天与臣下设宴酣饮，忧愁悲歌不已。

开宝五年（972年）正月，李煜下令贬损仪制：下"诏"改称"教"；改中书、门下省为左、右内史府，尚书省改为司会府，御史台改为司宪府，翰林改为文馆，枢密院改为光政院；降诸"王"为"公"，避讳宋朝，以示尊崇。元宗时，虽臣服后周，但金陵台殿皆设鸱吻（殿脊的兽头）；乾德年间，宋朝使者到来，李煜就撤去，使者走后再复原；至此，遂撤去一应器物，不再使用。太祖晋封李从善为泰宁军节度使，并在汴阳坊赏赐宅院，暗示李煜入京降宋；李煜遣户部尚书冯延鲁为李从善所受封赐道谢，冯延鲁入汴京，因病未能朝见宋太祖而返。

开宝六年（973年）夏，太祖遣翰林院学士卢多逊出使南唐，李煜上表愿接受北宋册封爵位，被拒。十月，内史舍人潘佑感于国运衰弱，上书极言劝谏李平为尚书令，徐铉、张洎进言"李平妖言惑众，煽动潘佑犯上"，李煜遣人收捕，潘佑在家中自杀，李平亦自缢狱中。

开宝七年（974年），李煜上表求放李从善归国，宋太祖不许。秋，宋太祖先后派梁迥、李穆出使南唐，以祭天为由，诏李煜入京，李煜托病不从，回复"臣侍奉大朝，希望得以保全宗庙，想不到竟会这样，事既至此，唯死而已"。太祖闻信，即遣颍州团练使曹翰兵出江陵，又命宣徽南院使曹彬等随后出师，水陆并进；李煜亦筑城聚粮，大举备战。闰十月，宋军攻下池州，李煜下令全城戒严，并停止沿用北宋年号，改为干支纪年。时吴越乘机进犯常州、润州，李煜遣使质问，说以唇亡齿寒之理，吴越王不答，转送李煜书信至宋廷。北宋攻陷芜湖和雄远军，沿采石矶搭建浮桥，渡江南进。李煜招募兵卒，委任皇甫继勋统领兵马，全力御敌，因强弱悬殊，兵败如山，内殿传诏徐元瑀、刁衎阻隔战败消息，宋屯兵金陵城南十里，李煜尚不知情。

开宝八年（975年）二月，宋师攻克金陵关城。三月，吴越进逼常州，诛杀皇甫继勋，权知州事禹万诚献城投降。六月，宋与吴越会师，进发润州，留后刘澄投降。洪州节度使朱令赟率兵十五万前往救援，行至皖口，遭遇宋军。朱令赟下令焚烧宋船，不料北风大作，反而烧至自身，朱令赟与战櫂都虞候王晖皆被擒（皖口之战）。外援既灭，北宋尽围金陵，昼夜攻城，金陵米粮匮乏，死者不可胜数。李煜两次派遣徐铉出使北宋，进奉大批钱物，求宋缓兵，太祖答以"卧榻之侧，岂容他人鼾睡"。十二月，金陵失守，守将呙彦、马承信，马承俊等力战而死，右内史侍郎陈乔自缢，李煜奉表投降，南唐灭亡。

开宝九年（976年）正月，李煜被俘送到京师，宋太祖封为违命侯，拜左（一说右）千牛卫将军。同年，宋太宗即位，改封李煜为陇西公。

太平兴国三年（978年）七夕，李煜死于北宋京师，时年四十二岁整（李煜亦生于七夕），北宋赠为太师，追封吴王，葬洛阳北邙山。

可以说，这位亡国之君走向亡国是一条必经之路。作为南唐的六皇子，从小喜欢学习佛法，希望过着田园生活，但五位兄长一个接一个死去，无奈之下继承了这个充斥着内忧外患的皇位。献国投降后，

亡国悲词——《虞美人》

赵氏兄弟封其为"违命侯"，从此过上了被软禁、囚禁的生活。

千古词帝。

李煜多才多艺，工书善画，能诗擅词，通音晓律，尤以词的成就为最大。李煜的词，存世共有三十余首，在内容上，可以亡国降宋为界分为前后两期：前期词主要反映宫廷生活和男女情爱，风格绮丽柔靡，虽不脱花间派习气，但在人物、场景的描写上较花间词人有较大的艺术概括力量，在部分词里也流露出了沉重的哀愁（如《清平乐·别来春半》）；后期词反映亡国之痛，哀婉凄凉，意境深远，极富艺术感染力。

李煜在词史上的地位，更多地决定于其词的艺术成就，李煜对词的发展主要有四方面贡献：

①扩大了词的表现领域。在李煜之前，词以艳情为主，即使寄寓抱负也大都用比兴手法，隐而不露，而李煜词中多数作品则直抒胸臆，倾吐身世家国之感，情真语挚，使词摆脱了长期在花间尊前曼声吟唱中所形成的传统风格，成为诗人们可以多方面言怀述志的新诗体，艺术手法上对后来豪放派词有影响。

②词境优美，感情纯真，因纯情而缺少理性节制。南唐亡国后，李煜被俘入宋，"日夕以泪洗面"，李煜直悟人生苦难无常之悲哀，真正用血泪写出了亡国破家的凄凉和悔恨；并把自身所经历的惨痛遭遇泛化，获得一种广泛的形态与意义，通向对于宇宙人生悲剧性的体验与审视，所以其言情的深广超过其他南唐词人。

③语言自然、精炼而又富有表现力，具有较高的概括性。李煜善于用白描的手法抒写他的生活感受，用贴切的比喻将抽象的感情形象

化，往往通过具体可感的个性形象来反映现实生活中具有一般意义的某种境界，不镂金错彩，而文采动人；不隐约其词，却又情味隽永；形成既清新流丽又婉曲深致的艺术特色。

④在风格上有独创性。花间词和南唐词，一般以委婉密丽见长，而李煜则出之以疏宕，如《玉楼春》的"豪宕"、《乌夜啼》的"濡染大笔"、《浪淘沙》的"雄奇幽怨，乃兼二雄"、《虞美人》的"自然奔放"，兼有刚柔之美，在晚唐五代词中别树一帜。

李煜不仅擅长诗词，在书画方面也颇有造诣。李煜曾考证过拨镫法的渊源，并总结为"擫、押、钩、揭、抵、拒、导、送"七种技艺。李煜擅长行书，多以颤笔行文，线条遒劲，有如寒松霜竹，世称"金错刀"；又喜写大字，以卷帛为笔，挥洒如意，世称"撮襟书"。李煜曾出示南唐秘府所藏的书法作品，命徐铉刻成《升元帖》，周密评为"法帖之祖"。

画作上，李煜的竹，一一钩勒而成，自根至梢极小，很有特点，被称为"铁钩锁"。他所绘的林石、飞鸟，也都意境高远，远超常人。

总评

历史上建都金陵的亡国之君，多遭到后世非议。三国吴后主孙皓，"一片降幡出石头"，白棺素服，自缚出降；南朝梁武帝崇信佛，终起侯景之乱，被囚饿死于景阳楼；陈朝后主陈叔宝，金陵城破时，同宠妃张丽华藏于胭脂井中，后被隋将吊出处死。这三位末代君王，亡国起因各不相同，但却都亡于虎踞龙盘的金陵石头城。李煜也是亡于金陵的末代君王，难免要遭到后世的斥责非议。

但是，李煜亡国的原因应该具体分析，就南唐国来讲，其不亡是

亡国悲词——《虞美人》

不可能的。理论上，当时整个中国的形势和历史发展趋势要求南唐灭亡，北宋统一；事实上，南唐国势已败，李煜即使有能力也无力回天，更何况国策早有失误，在李煜继位的前一年，其父李璟已经因国势衰危而称臣于宋，减制纳贡了。宋朝灭南唐的形势已定，李煜继位，也只能采取消极守业的政策。但是，尽管李煜时的南唐面临着这样那样的困难，其毕竟维持政权达15年之久，而且在他被俘的日子中始终时时不忘故国，心系故土，从未心归宋朝，终至客死他乡。

史载，赵光义曾问南唐旧臣潘慎修："李煜果真是一个暗懦无能之辈吗？"潘慎修答道："假如他真是无能无识之辈，何以能守国十余年？"徐铉在《吴王陇西公墓志铭》也记载：李煜敦厚善良，在兵戈之世，而有厌战之心，虽孔明在世，也难保社稷；既已躬行仁义，虽亡国又有何愧！

历代评价：

徐铉：①王以世嫡嗣服，以古道驭民，钦若彝伦，率循先志。奉蒸尝、恭色养，必以孝；事耆老、宾大臣，必以礼。居处服御必以节，言动施舍必以时。至于荷全济之恩，谨藩国之度，勤修九贡，府无虚月，祗奉百役，知无不为。十五年间，天眷弥渥。②精究六经，旁综百氏。常以周孔之道不可暂离，经国化民，发号施令，造次于是，始终不渝。③酷好文辞，多所述作。一游一豫，必以颂宣。载笑载言，不忘经义。洞晓音律，精别雅郑；穷先王制作之意，审风俗淳薄之原，为文论之，以续《乐记》。所著文集三十卷，杂说百篇，味其文、知其道矣。至于弧矢之善，笔札之工，天纵多能，必造精绝。④本以恻隐之性，仍好竺干之教。草木不杀，禽鱼咸遂。赏人之善，常若不及；掩人之过，惟恐其闻。以至法不胜奸，威不克爱。以厌兵之俗当用武之世，孔明罕应变之略，不成近功；偃王躬仁义之行，终于亡国。道有所在，复何愧欤！

郑文宝：①后主奉竺乾之教，多不茹荤，常买禽鱼为放生。②后主天性纯孝，孜孜儒学，虚怀接下，宾对大臣，倾奉中国，惟恐不及。但以著述勤于政事，至于书画皆尽精妙。然颇耽竺乾之教，果于自信，所以奸邪得计。排斥忠说，土地日削，贡举不充。越人肆谋，遂为敌国。又求援于北虏行人设谋，兵遂不解矣。

陆游：①后主天资纯孝……专以爱民为急，蠲赋息役，以裕民力。尊事中原，不惮卑屈，境内赖以少安者十有五年。②然酷好浮屠，崇塔庙，度僧尼不可胜算。罢朝辄造佛屋，易服膜拜，以故颇废政事。兵兴之际，降御札移易将帅，大臣无知者。虽仁爱足以感其遗民，而卒不能保社稷。

龙衮：后主自少俊迈，喜肄儒学，工诗，能属文，晓悟音律。姿仪风雅，举止儒措，宛若士人。

陈彭年：(后主煜) 幼而好古，为文有汉魏风。

欧阳修：煜性骄侈，好声色，又喜浮图，为高谈，不恤政事。

王世贞：花间犹伤促碎，至南唐李王父子而妙矣。

胡应麟：后主目重瞳子，乐府为宋人一代开山。盖温韦虽藻丽，而气颇伤促，意不胜辞。至此君方为当行作家，清便宛转，词家王、孟。

纳兰性德：花间之词，如古玉器，贵重而不适用；宋词适用而少质重，李后主兼有其美，更饶烟水迷离之致。

王夫之：① (李璟父子) 无殃兆民，绝彝伦淫虐之巨慝。②生聚完，

亡国悲词——《虞美人》

文教兴，犹然彼都人士之余风也。

余怀：李重光风流才子，误作人主，至有入宋牵机之恨。其所作之词，一字一珠，非他家所能及也。

沈谦：①男中李后主，女中李易安，极是当行本色。②后主疏于治国，在词中犹不失南面王。

郭麐：作个才子真绝代，可怜薄命作君王。

周济：①李后主词如生马驹，不受控捉。②毛嫱西施，天下美妇人也。严妆佳，淡妆亦佳，粗服乱头，不掩国色。飞卿，严妆也；端己，淡妆也；后主则粗服乱头矣。

周之琦：予谓重光天籁也，恐非人力所及。

陈廷焯：①后主词思路凄惋，词场本色，不及飞卿之厚，自胜牛松卿辈。②余尝谓后主之视飞卿，合而离者也；端己之视飞卿，离而合者也。③李后主、晏叔原，皆非词中正声，而其词无人不爱，以其情胜也。

王鹏运：莲峰居士（李煜）词，超逸绝伦，虚灵在骨。芝兰空谷，未足比其芳华；笙鹤瑶天，讵能方兹清怨？后起之秀，格调气韵之间，或月日至，得十一于千首。若小晏、若徽庙，其殆庶几。断代南流，嗣音阒然，盖间气所钟，以谓词中之大成者，当之无愧色矣。

冯煦：词至南唐，二主作于上，正中和于下，诣微造极，得未曾有。宋初诸家，靡不祖述二主。

王国维：①温飞卿之词，句秀也；韦端己之词，骨秀也；李重光之词，神秀也。②词至李后主而眼界始大，感慨遂深，遂变伶工之词而为士大夫之词。③词人者，不失其赤子之心者也。故生于深宫之中，长于妇人之手,是后主为人君所短处,亦即为词人所长处。④主观之诗人,不必多阅世,阅世愈浅,则性情愈真,李后主是也。⑤尼采谓一切文字,余爱以血书者,后主之词,真所谓以血书者也。宋道君皇帝《燕山亭》词,亦略似之。然道君不过自道身世之感,后主则俨有释迦、基督担荷人类罪恶之意,其大小固不同矣。⑥唐五代之词,有句而无篇;南宋名家之词,有篇而无句。有篇有句,唯李后主之作及永叔、少游、美成、稼轩数人而已。

毛泽东:南唐李后主虽多才多艺,但不抓政治,终于亡国。

柏杨:南唐皇帝李煜先生词学的造诣,空前绝后,用在填词上的精力,远超过用在治国上。

叶嘉莹:李后主的词是他对生活的敏锐而真切的体验,无论是享乐的欢愉,还是悲哀的痛苦,他都全身心地投入其间。我们有的人活过一生,既没有好好的体会过快乐,也没有好好的体验过悲哀,因为他从来没有以全部的心灵感情投注入某一件事,这是人生的遗憾。

亡国之变为其人生至关重要的转折,在此之前的诗歌多为无病呻吟之作,沦为阶下囚之后才明白什么是绝望、悲痛。

这首《虞美人》被称为绝命词。

诵读全词。

1.诵读指导:

把握节奏:"语气可于四字作逗,或上二下七,但终以一气呵成为佳。"

找出韵脚:了、少、风、中、在、改、愁、流。

押韵规律:两句一换韵,两平两仄。

亡国悲词——《虞美人》

读出感情：①感情基调：低沉、凄凉。

②重点词语：何时、多少、又、不堪、应、只是、几多。

2.请学生朗诵，其余学生点评：

注意情基调：低沉、凄凉。

注意声调要有起伏变化：高低强弱，节奏快慢。

读准能体现词人内心痛苦的关键词语。

3.教师范读：

4.齐读课文：

问：尾句"问君能有几多愁？恰似一江春水向东流"被称为千古名句，名在何处？

这是以水喻愁的名句，显示出愁思如春水汪洋恣肆，一泻千里；又如春水之不舍昼夜，长流不断，无穷无尽。这9个字，确实把感情在升腾流动中的深度和力度表达出来了，并赋予无形的愁以质感和具象。

①巧妙地呼应了"春花""东风"等点明季节的词语。

②把抽象的愁绪形象化了。

③写出了愁绪的汹涌浩荡、奔流不息。

④写出了愁绪的连绵不绝、无尽无休。

运用设问、比喻等修辞，写出春江水多、流急而且无穷无尽。说明作者的愁绪多而且深厚强烈。特色：抽象情感的形象化表达。（可联想）用春水来比喻愁，表现了李煜满怀的愁、无穷无尽的愁、汹涌澎湃的愁。

这两句词是千古传诵的名句，抒发了词人既深且重、难以遏止的愁绪。以春水来比喻愁绪，既巧妙地呼应了"春花""东风"等点明季节的词语，又把抽象的愁绪形象化了。既写出了愁绪的汹涌浩荡、奔流不息，又写出了愁绪的连绵不绝、无尽无休。"一江春水向东流"之语，极其简淡天然，然而气象不凡。"问君能有几多愁?恰似一江春水向东流"写的是一种郁结已久的愁绪，用向东奔流的一江春水来作比喻，就具有了一种奔放恣肆的气势，愁绪是沉着的情感，而作为喻体的春水又是飞动的。这两句词风神秀丽，是李煜在繁华落尽之后展现出来的一派天真。

为什么是"春水"而不是"秋水"呢?

"春水"有什么特点呢? 春天，冰雪消融，春水上涨;"秋水"的特点是"水落石出"水变得少了。所以，用"春水"才能表现出词人之愁的多、浓、绵绵不绝。

人生啊人生，不就意味着无穷无尽的愁苦吗? 一个处于刀俎之上的亡国之君，竟敢如此大胆地抒发亡国之恨，是史所罕见的。这两句充满悲恨激楚的感情色彩，其感情之深厚强烈，真如滔滔江水，大有不顾一切、冲决而出之势。诗人这种纯真深挚感情的全心倾注，让他为此付出了生命，但也在中国文学史上留下了这样的不朽篇章。法国作家缪塞说:"最美丽的诗歌是最绝望的诗歌，有些不朽篇章是纯粹的眼泪。"

列举运用比喻化虚为实写愁意的其他名句。

愁是一种抽象的情感，而诗人往往能巧妙地化虚为实，把原来只可意会的"愁"写得具体可感，常见的有以下几种情况:

(1) 描摹愁的质感、形态（以水喻愁、以山喻愁、以草喻愁）。

问君能有许多愁? 恰是一江春水向东流。　　　李煜《虞美人》

亡国悲词——《虞美人》

汴水流，泗水流，流到瓜洲古渡头，吴山点点愁。

白居易《长相思》

离恨恰如春草，更行更远还生。　　　　　李煜的《清平乐》

（2）描摹愁的长度（夸张手法）。

白发三千丈，缘愁似个长。　　　　　　　李白《秋浦歌》

（3）描摹愁之广度（博喻手法）。

试问闲愁都几许，一川烟草，满城风絮，梅子黄时雨。

贺铸《青玉案》

（4）描写愁之重量。

只恐双溪舴艋舟，载不动许多愁。　　　　　　——李清照

休问离愁轻重，向个马儿上驮也驮不动。　　——董解元

（5）描摹愁之动作。

一种相思，两处闲愁，此情无计可消除，才下眉头，却上心头。

——李清照

在诗人的笔下，愁有了质感，有了体积，有了重量，有了一种灵动的美，抽象的愁绪变得形象可感。

其他以比喻写愁的诗句：

剪不断，理还乱，是离愁。(愁之形态)

白发三千丈，缘愁似个长。(愁之长度)

只恐双溪舴艋舟，载不动许多愁。(愁之重量)

欲上高楼去避愁，愁还随我上高楼。　　——愁的动感（辛弃疾）

离愁渐远渐无穷，迢迢不断如春水。　　——愁的无绪（欧阳修）

花红易衰似郎意，水流无限似侬愁。　　　　　——刘禹锡

那么他是为什么而愁？请结合全词内容和李煜身世概括。

故国之思、去国之痛、失国之悲、亡国之恨

念念不忘过去的美好生活，念念不忘东风是故国吹来，春水又向故乡流去,[东流有可能是双关,水流向东或南唐故都金陵(南京)在东南方向。]这在宋太祖看来会有"东归故国"之意——可以这样说，两个"东"字，断送了一代文章圣手的性命。亡国之痛，作为帝王不能保住国家的后悔自责，沦为阶下囚的痛苦，对自由尊严和安逸生活的留恋，前途无望的心灰意冷……亡国之君所特有的感情，比普通人的愁更丰富，更深远。

"春花秋月"本是美好的事物，词人为什么希望它结束呢？

"春花秋月"的确是美好的事物，然而随着词人身份地位的改变，这些美好的事物也将在词人的心里改变颜色。原来锦衣玉食，在如花宫女朝歌夜弦伴着的"春花秋月"般的生活只能徒增一个"阶下囚"的无限悲伤，这样美好的的事物不如结束才好。在对生命已经绝望之时，"春花秋月"是对他的一种讽刺，让他觉得厌烦，希望这一切都结束。乐景哀情倍增其哀。

"往事知多少"中的"往事"具体指的是什么？换句话说，李煜到底在怀念什么?锦衣玉食、后宫佳丽、国君的尊荣富贵的生活？精神上的欢乐、尊严、自由及生存的安全感？

"往事"的内容很丰富，可以泛指他做帝王时的一切活动。具体来说可能是过去后宫佳丽的簇拥，锦衣玉食的生活，万首称臣的尊严以及为所欲为的自由感等等。可是以往的一切都没有了，都已经消逝了。不仅指以前的富贵生活，更是对欢乐、自由的向往，对尊严的期盼，

亡国悲词——《虞美人》

对生存安全感的需要。精神的需要已经超过了物质需要。

作者用了哪些表现手法来写"愁情"的呢？

A.比喻：用"问君能有许多愁？恰是一江春水向东流。"以水喻愁的名句，显示出愁思如春水汪洋恣肆，一泻千里；又如春水之不舍昼夜，长流不断，无穷无尽。

B.对比：春花秋月的无休无尽与往事短暂无常的对比；小楼东风的永恒与故国不堪回首的变化无常的对比；雕栏玉砌的常在与朱颜改的对比。真是"物是人非事事休"，"载不动许多愁"。前六句的章法是三组对比，隔句相承。全词紧紧围绕着永恒和短暂的对比来写，用永恒不变的自然之物：春花秋月、小楼东风、雕栏玉砌，与往事、故国、朱颜等所代表的短暂无常的人生相对比。写出了词人作为一位亡国之君面对物是人非，复国之梦难圆的无限怅恨之情。

C.发问：以问起，以问结，问天—问人—问自己，一唱三叹。问天天不应，问人人不知，问己泪满面。自问自答，表明了李煜一个人孤独而又绝望的心情。凄楚中，造成曲折回旋，流走自如的艺术结构。

D.虚实结合，情景交融：

实写：物是（自然永恒）："春花秋月"、登楼远望"又东风"。

虚写：人非（人生无常）：回忆往事"不堪回首"、"雕栏玉砌"、"朱颜改"。

总结全诗：

这首《虞美人》充满了悲恨激楚的感情色彩，其感情之深厚，强烈，真如滔滔江水，大有不顾一切，冲决而出之势。一个处在刀俎之上的的亡国之君，竟敢如此大胆地抒发亡国之恨，是史所罕见的。李煜这种纯真感情的全心倾注，大概就是王国维说的出于"赤子之心"的"天真之词"吧，以致他为此付出了生命。法国作家缪塞说："最美的诗歌是最绝望的诗歌，有些不朽的篇章是纯粹的眼泪。"这首词就是这样的不朽之作。尼采说："在所有文学作品中，我尤其喜欢那些用血写出来的文字。"后主之词就是用自己的血写出来的。作者一字一泪，读者一字一泪，歌者一字一泪！

豪逸之酒——《将进酒》

今日劝酒诗:感情深,一口闷;感情浅,舔一舔;感情厚,喝不够;感情薄,喝不着;感情铁,喝出血。

一两二两漱漱口,三两四两不算酒,五两六两扶墙走,七两八两还在吼。

会喝一两的喝二两,这样朋友够豪爽!会喝二两的喝五两,这样同志党培养!会喝半斤的喝一斤,这样哥们最贴心!会喝一斤的喝一桶,回头提拔当副总!会喝一桶的喝一缸,酒厂厂长让你当!

共同的特点就是"俗",古人的劝酒诗就很高雅,比如:

《送元二使安西》 王维

渭城朝雨浥轻尘,客舍青青柳色新。

劝君更尽一杯酒,西出阳关无故人。

《劝酒》 于武陵

劝君金屈卮,满酌不须辞。

花发多风雨,人生足别离。

《劝酒》 白居易

劝君一醆君莫辞,劝君两醆君莫疑,劝君三醆君始知。

面上今日老昨日,心中醉时胜醒时。天地迢遥自长久,

白兔赤乌相趁走。身后堆金挂北斗,不如生前一樽酒。

君不见春明门外天欲明，喧喧歌哭半死生。

游人驻马出不得，白舆素车争路行。

归去来，头已白，典钱将用买酒吃。

《劝酒》徐夤

休向尊前诉羽觥，百壶清酌与君倾。

身同绿树年年老，事比红尘日日生。

六国英雄徒反覆，九原松柏甚分明。

醉乡路与乾坤隔，岂信人间有利名。

在中国文学史上，诗与酒相从相随，几乎有一种天生的缘分。中国诗人大多爱喝酒。许多诗人因酒忘却人世的痛苦忧愁，借酒在自由的时空中尽情翱翔，为酒而丢掉面具口吐真言，靠酒而成就传世佳作。李白好饮，也善饮，这有杜甫诗为证："李白斗酒诗百篇，长安市上酒家眠，天子呼来不上船，自称臣是酒中仙。"（《酒中八仙歌》）酒为液态食品，人称"水中之宝"，能满足人们的某些生理需要，但自古以来，中国文人不是"饿了"才喝酒，多半是"愁了"才喝酒。唐代的天才诗人李白尤为突出。他是"诗仙"，又自称是"酒中仙"，时人也号之曰"酒圣"。古时酒店都爱挂上"太白遗风""太白世家"的招牌。且沿用至今。 他一生写下了许多咏酒的诗篇。他的《将进酒》就是酒与愁经过心理反应后留下的结晶。

《将进酒》是一首劝酒歌，是汉乐府曲名，大约作于李白以梁园（开封）为中心的十载漫流期间。诗中记李白与岑勋、元丹丘相聚饮酒之事。岑勋，李白称他为"相门子"。元丹丘是当时著名的隐士，主要隐居地在嵩阳。从李白《酬岑勋见寻就元丹丘对酒 相待以诗见招》一

豪逸之酒——《将进酒》

诗中可以看出，李、岑、元三人曾一同在元丹丘家聚饮过，这首诗可能就是在这次饮酒宴中写的。

李白（701－762年），字太白，号青莲居士，又号"谪仙人"，是唐代伟大的浪漫主义诗人，被后人誉为"诗仙"，与杜甫并称为"李杜"，为了与另两位诗人李商隐与杜牧即"小李杜"区别，杜甫与李白又合称"大李杜"。其人爽朗大方，爱饮酒作诗，喜交友。

开元三年（715年），李白十五岁。已有诗赋多首，并得到一些社会名流的推崇与奖掖，开始从事社会干谒活动，亦开始接受道家思想的影响，好剑术，喜任侠。是年岑参生。

开元六年（718年），李白十八岁。隐居戴天大匡山（在今四川省江油县内）读书。往来于旁郡，先后出游江油、剑阁、梓州（州治在今四川省境内）等地，增长了不少阅历与见识。

开元十二年（724年），李白二十四岁。离开故乡而踏上远游的征途。再游成都、峨眉山，然后舟行东下至渝州（今重庆市）。

开元十三年（725年），李白出蜀，"仗剑去国，辞亲远游"。

元二十三年（735年），玄宗又一次狩猎，正好李白也在西游，趁机献上《大猎赋》，希望能博得玄宗的赏识。他的《大猎赋》希图以"大道匡君，示物周博"，而"圣朝园池遐荒，殚穷六合"，幅员辽阔，境况与前代大不相同，夸耀本朝远胜汉朝，并在结尾处宣讲道教的玄埋，以契合玄宗当时崇尚道教的心情。

是年，李白进长安后结识了卫尉张卿，并通过他向玉真公主献了诗，最后两句说"几时入少室，王母应相逢"，是祝她入道成仙。由此，他一步步地接近了统治阶级的上层。李白这次在长安还结识了贺知章。李白去紫极宫，在那里遇见了贺知章，立刻上前拜见，并呈上袖中的诗本。贺知章颇为欣赏《蜀道难》和《乌栖曲》。李白瑰丽的诗歌和潇洒出尘的风采令贺知章惊异万分，竟说："公非人世之人，可不是太白星精耶？"贺知章称他为谪仙人。三年后，李白发出"行路难，归去来"的感叹，离开长安。

天宝元年（742年），由于玉真公主和贺知章的交口称赞，玄宗看了李白的诗赋，对其十分仰慕，便召李白进宫。李白进宫朝见那天，玄宗降辇步迎，"以七宝床赐食于前，亲手调羹"。玄宗问到一些当世事务，李白凭半生饱学及长期对社会的观察，胸有成竹，对答如流。玄宗大为赞赏，随即令李白供奉翰林，职务是给皇上写诗文娱乐，陪侍皇帝左右。玄宗每有宴请或郊游，必命李白侍从，利用他敏捷的诗才，赋诗纪实。虽非记功，也将其文字流传后世，以盛况向后人夸示。李白受到玄宗如此的宠信，同僚不胜艳羡，但也有人因此而产生了嫉恨之心。

天宝二年（743年），李白四十三岁。诏翰林院。初春，玄宗于宫中行乐，李白奉诏作《官中行乐词》，赐宫锦袍。暮春，兴庆池牡丹盛开，玄宗与杨玉环同赏，李白又奉诏作《清平调》。对御用文人生活日渐厌倦，始纵酒以自昏秽。与贺知章等人结"酒中人仙"之游，玄宗呼之不朝。尝奉诏醉中起草诏书，引足令高力士脱靴，宫中人恨之，谗谤于玄宗，玄宗疏之。

天宝三年（744年）的夏天，李白到了东都洛阳。在这里，他遇到蹭蹬的杜甫。中国文学史上最伟大的两位诗人见面了。此时，李白已名扬全国，而杜甫风华正茂，却困守洛城。李白比杜甫年长十一岁，

豪逸之酒——《将进酒》

但他并没有以自己的才名在杜甫面前倨傲。而"性豪也嗜酒"、"结交皆老苍"的杜甫，也没有在李白面前一味低头称颂。两人以平等的身份，建立了深厚的友情。在洛阳时，他们约好下次在梁宋（今开封、商丘一带）会面，访道求仙。同年秋天，两人如约到了梁宋。两人在此抒怀遣兴，借古评今。他们还在这里遇到了诗人高适，高适此时也还没有禄位。然而，三人各有大志，理想相同。三人畅游甚欢，评文论诗，纵谈天下大势，都为国家的隐患而担忧。这时的李杜都值壮年，此次两人在创作上的切磋对他们今后产生了积极影响。

这年的秋冬之际，李杜又一次分手。李白到齐州（今山东济南一带）紫极宫请道士高天师如贵授道箓，从此他算是正式履行了道教仪式，成为道士。其后李白又赴德州安陵县，遇见这一带善写符箓的盖还，为他造了真箓。此次的求仙访道，李白得到了完满的结果。

天宝四年（745年）秋天，李白与杜甫在东鲁第三次会见。短短一年多的时间，他们两次相约，三次会见，知交之情不断加深。他们一道寻访隐士高人，也偕同去齐州拜访过当时驰名天下的文章家、书法家李邕。就在这年冬天，李杜两人分手。

乾元二年（759年），朝廷因关中遭遇大旱，宣布大赦，规定死者从流，流以下完全赦免。李白经过长期的辗转流离，终于获得了自由。他随即顺着长江疾驶而下，而那首著名的《早发白帝城》最能反映他当时的心情。到了江夏，由于老友良宰正在当地做太守，李白便逗留了一阵。乾元二年，李白应友人之邀，再次与被谪贬的贾至泛舟赏月于洞庭之上，发思古之幽情，赋诗抒怀。不久，又回到宣城、金陵旧游之地。差不多有两年的时间，他往来于两地之间，仍然依人为生。

上元二年(761年)，已六十出头的李白因病返回金陵。在金陵，他的生活相当窘迫，不得已只好投奔了在当涂做县令的族叔李阳冰。

上元三年（762年），李白病重，在病榻上把手稿交给了李阳冰，赋《临终歌》而与世长辞。

关于李白之死，历来众说纷纭，莫衷一是。总体可以概括为三种死法:其一是醉死，其二是病死，其三是溺死。第一种死法见诸《旧唐书》，说李白"以饮酒过度，醉死于宣城";第二种死法亦见诸其他正史或专家学者的考证之说。说当李光弼东镇临淮时，李白不顾六十一岁的高龄，闻讯前往请缨杀敌，希望在垂暮之年，为挽救国家危亡尽力，因病中途返回，次年病死于当涂县令、唐代最有名的篆书家李阳冰处;而第三种死法则多见诸民间传说，极富浪漫色彩，说李白在当涂的江上饮酒，因醉跳入水中捉月而溺死，与诗人性格非常吻合。但是不管哪一种死法，都因参与永王李璘谋反作乱有着直接的关系。因为李白流放夜郎，遇赦得还后不久，就结束了他传奇而坎坷的一生，这是一个不争的事实。

李白的乐府、歌行及绝句成就为最高。其歌行，完全打破诗歌创作的一切固有格式，空无依傍，笔法多端，达到了任随性之而变幻莫测、摇曳多姿的神奇境界。李白的绝句自然明快，飘逸潇洒，能以简洁明快的语言表达出无尽的情思。在盛唐诗人中，王维、孟浩然长于五绝，王昌龄等七绝写得很好，兼长五绝与七绝而且同臻极境的，只有李白一人。

李白的诗雄奇飘逸，艺术成就极高。他讴歌祖国山河与美丽的自然风光，风格雄奇奔放，俊逸清新，富有浪漫主义精神，达到了内容

豪逸之酒——《将进酒》

与艺术的完美统一。他被贺知章称为"谪仙人",其诗大多为描写山水和抒发内心的情感为主。李白的诗具有"笔落惊风雨,诗成泣鬼神"的艺术魅力,这也是他的诗歌中最鲜明的艺术特色。李白的诗富于自我表现的主观抒情色彩十分浓烈,感情的表达具有一种排山倒海、一泻千里的气势。他与杜甫并称为"大李杜",(李商隐与杜牧并称为"小李杜")。

李白诗中常将想象、夸张、比喻、拟人等手法综合运用,从而造成神奇异彩、瑰丽动人的意境,这就是李白的浪漫主义诗作给人以豪迈奔放、飘逸若仙的原因所在。

李白的诗歌对后代产生了极为深远的影响。中唐的韩愈、孟郊、李贺,宋代的苏轼、陆游、辛弃疾,明清的高启、杨慎、龚自珍等著名诗人,都受到李白诗歌的巨大影响。

风格豪迈奔放,清新飘逸,想象丰富,意境奇妙,语言奇妙,浪漫主义,立意清晰。

李白生活在盛唐时期,他性格豪迈,热爱祖国山河,游踪遍及南北各地,写出大量赞美名山大川的壮丽诗篇。他的诗,既豪迈奔放,又清新飘逸,而且想象丰富,意境奇妙,语言轻快,人们称他为"诗仙"。李白的诗歌不仅具有典型的浪漫主义精神,而且从形象塑造、素材摄取到体裁选择和各种艺术手法的运用,无不具有典型的浪漫主义艺术特征。

李白成功地塑造自我,强烈地表现自我,突出抒情主人公的独特个性,因而他的诗歌具有鲜明的浪漫主义特色。他喜欢采用雄奇的形象表现自我,在诗中毫不掩饰,也不加节制地抒发感情,表现他的喜怒哀乐。对权豪势要，他"手持一枝菊，调笑二千石"（《醉后寄崔侍御》二首之一）；看到劳动人民艰辛劳作时，他"心摧泪如雨"。当社稷倾覆、民生涂炭时，他"过江誓流水，志在清中原。拔剑击前柱，悲歌难重论"（《南奔书怀》），那样慷慨激昂；与朋友开怀畅饮时，"两人对酌山花开，一杯一杯复一杯。我醉欲眠卿且去，明朝有意抱琴来"（《山中与幽人对酌》），又是那样天真直率。总之，他的诗活脱脱地表现了他豪放不羁的性格和倜傥不群的形象。

豪放是李白诗歌的主要特征。除了思想性格才情遭际诸因素外，李白诗歌采用的艺术表现手法和体裁结构也是形成他豪放飘逸风格的重要原因。善于凭借想象，以主观现客观是李白诗歌浪漫主义艺术手法的重要特征。几乎篇篇有想象，甚至有的通篇运用多种多样的想象。现实事物、自然景观、神话传说、历史典故、梦中幻境，无不成为他想象的媒介。常借助想象，超越时空，将现实与梦境、仙境，把自然界与人类社会交织一起，再现客观现实。他笔下的形象不是客观现实的直接反映，而是其内心主观世界的外化，艺术的真实。

李白诗歌的浪漫主义艺术手法之一是把拟人与比喻巧妙地结合起来，移情于物，将物比人。

李白诗歌的另一个浪漫主义艺术手法是抓住事情的某一特点，在生活真实的基础上，加以大胆的想象夸张。他的夸张不仅想象奇特，而且总是与具体事物相结合，夸张得那么自然，不露痕迹；那么大胆，又真实可信，起到突出形象、强化感情的作用。有时他还把大胆的夸张与鲜明的对比结合起来，通过加大艺术反差，加强艺术效果。

李白最擅长的体裁是七言歌行和绝句。李白的七言歌行又采用了

豪逸之酒——《将进酒》

大开大合、跳跃宕荡的结构。诗的开头常突兀如狂飙骤起，而诗的中间形象转换倏忽，往往省略过渡照应，似无迹可循，诗的结尾多在感情高潮处戛然而止。

李白的五七言绝句，更多地代表了他的诗歌清新明丽的风格。如《早发白帝城》《送孟浩然之广陵》《静夜思》等，妙在"只眼前景、口头语、而有弦外音、味外味，使人神远。"（《说诗晬语》上）。

李白不仅文采斐然，其剑术亦是十分高明。他"十五好剑术"，"剑术自通达"。造诣非同一般。李白的诗，裴旻的剑术，张旭的草书合称唐代三绝。虽然"三绝"中没有李白的剑术，但其剑术之高却仅位于裴旻之下，居唐朝第二。

李白从少年时起，常去戴天山寻找道观的道士谈论道经。后来，他与一位号为东岩子的隐者隐居于岷山，潜心学习。他们在自己居住的山林里，饲养了许多奇禽异鸟，做了动物饲养员。这些美丽而驯良的鸟儿，由于饲养惯了，定时飞来求食，好像能听懂人的语言似的，一声呼唤，便从四处飞落阶前，甚至可以在人的手里啄食谷粒，一点都不害怕。这件事被传作奇闻，最后竟使绵州刺史亲自到山中观看鸟儿们的就食情况。这位刺史见他们能指挥鸟类的行动，认定他们有道术，便想推荐二人去参加道科的考试。可是，二人都婉言拒绝了。当时有名的纵横家赵蕤也是李白的老师，此人于开元四年（716）就著成了《长短经》十卷。那时李白才十五岁。赵蕤这部博考六经异同、分析天下形势、讲求兴亡治乱之道的纵横家式的著作引起了李白极大的兴趣。他以后一心要建功立业，喜谈王霸之道，也正是受到这部书的影响。

——让学生遇见美好

盛唐国力强盛，多数士人渴望建功立业。李白以不世之才自居，以"奋其智能，愿为辅弼，使寰区大定，海县清一"的功业自许，一生矢志不渝地追求实现"谈笑安黎元"、"终与安社稷"的理想。他以大鹏、天马、雄剑自比："大鹏一日同风起，扶摇直上九万里。假令风歇时下来，犹能簸却沧溟水。"（《上李邕》）。他希望能像姜尚辅佐明君，像诸葛亮兴复汉室。《梁甫吟》、《读诸葛武侯传抒怀》、《永王东巡歌》、《行路难》（其二）都反映了他的这类思想。

李白觉得凭借自己的才能，可以"出则以平交王侯，遁则以俯视巢许"（《送烟子元演隐仙城山序》），对于那些靠着门第荫封而享高官厚禄的权豪势要，他投以强烈的鄙视，表现出傲岸不屈的性格。他蔑视封建等级制度，不愿阿谀奉迎，也不屑于与俗沉浮。现实的黑暗使他理想幻灭，封建礼教等级制度的束缚使他窒息，他渴望个性的自由和解放，于是采取狂放不羁的生活态度来挣脱桎梏、争取自由。其表现方式或纵酒狂歌，寻仙学道，然而，酒既无法销愁，神仙更虚无飘渺，于是他"一生好入名山游"（《庐山谣》），把美好的大自然作为理想的寄托、自由的化身来歌颂。他笔下的峨嵋、华山、庐山、泰山、黄山等，巍峨雄奇，吐纳风云，汇泻川流；他笔下的奔腾黄河、滔滔长江，荡涤万物，席卷一切，表现了诗人桀傲不驯的性格和冲决羁绊的强烈愿望。

这是李白对社会的愤怒抗争，是他叛逆精神的重要体现。他反对玄宗好大喜功，穷兵黩武，揭露将非其人，致使百姓士卒白白送死，由于玄宗的骄纵，宦官权势炙手可热……通过对政事纲的分析，并到幽燕的实地观察，李白以诗人的敏感，洞幽烛微，在当时诗人中他和

豪逸之酒——《将进酒》

杜甫最早揭示祸乱将作。"安史之乱"爆发，他的爱国热情因此升华，摆脱了用藏出处的矛盾。他的反抗性格和叛逆精神具有深刻的爱国内涵，并富于社会意义和时代特征。《古风》其三、十五、二十四、三十九等都对社会现实做了深刻的揭露和有力的批判。

李白既有清高傲岸的一面，又有世俗的一面，他的理想和自由，只能到山林、仙境、醉乡中去寻求，所以在《将进酒》《江上吟》《襄阳歌》等诗中流露出人生如梦、及时行乐、逃避现实等思想，这在封建社会正直孤傲的文人中也具有一定的代表性。

这首诗，诗人感情的大起大落是一个显著的特点，这就是豪放的表现。诵读时应适应着诗人感情的变化来选择不同的声调，要注意诗中节奏的变化。

起兴：开头用"君不见"领出，要读得从容、亲切。"黄河"一联用了比兴手法，"天上来"极言黄河源头之高，"不复回"隐含韶光易逝之意，均须重读。"高堂"一联说及人生，"悲白发"叹意极浓，"悲"字应重读。这两联把天地人生都说到了，境界极其阔大，应读得很有声势，有慷慨生悲的韵味。

入题：节奏要逐渐加快。"人生"一联，"尽欢"和"空对月"须重读。"天生"一联显示诗人对未来的信心，应读得掷地有声。"会须"句要用升调读，读得豪气十足。

举杯劝酒：应读得亲切，节奏逐渐加快。

劝酒辞：须读得酣畅淋漓，再现诗人狂放不羁的个性。"钟鼓"二句是劝酒歌的主题，也是全诗的主旨，应读得从容。"不足贵""不复醒"用极强音读。"古来"两句以抒情方式说明"不复醒"的理由，上

——让学生遇见美好

句宜轻读,下句宜重读。"陈王"两句援引古人饮酒情形,用叙述语调读,重音落在"恣欢谑"上。"主人"两句,前句宜轻读,后句诗人反客为主,直命沽酒,宜重读。"五花马"三句当快读,"与尔同销"可两字一顿并放慢速度,"万古愁"三字要用夸张语调读。

学生自由朗读,诵读感悟。

此诗气势豪壮,又情感起伏较大,可先指导个别同学朗读,再采用齐读的方式。教师可根据学生朗读情况及时指导诱发,营造高昂活跃的课堂氛围。然后了解学生对诗歌的初步感悟程度,并结合注释了解大意。学生练习朗读。

方法:①分层进行,每段分两层,依次是:起兴、入题、举杯劝酒、劝酒辞。②学生边读边看课本注释,疏通文意。③找出表现李白狂放的诗句。④在熟悉内容的基础上归纳各层大意。⑤练习背诵。

李白劝谁喝酒?——岑夫子(岑参)、丹丘生(元丹丘)

一般情况下,劝人喝酒的都是主人,而此时的李白是主人吗?不是主人,从哪里看出来的?

诗句"主人何为言少钱";注释交代李白跟朋友岑参曾多次应邀到嵩山元丹丘家作客,可见是元丹丘请客。

思考:宴席上,客人劝酒,张罗喝酒,从中可看出李白怎样的性格特点?

豪放不羁、不受任何拘束,中国历史上儒、仙、侠合为一起,自李白开始。

李白又是怎样劝人喝酒的?

①喝多:"会须一饮三百杯""斗酒十千恣欢谑"。

豪逸之酒——《将进酒》

②喝好酒："五花马、千金裘，呼儿将出换美酒"。

③喝得快、不停喝："会须一饮三百杯""将进酒、杯莫停"。

④喝到醉："但愿长醉不用醒"。

李白为什么要这样劝人喝酒？

①人生短暂，时光易逝，应及时行乐：君不见黄河之水天上来，奔流到海不复回。君不见高堂明镜悲白发，朝如青丝暮成雪。一从空间夸张，一从时间夸张。真是"巨人式的感伤"。黄河的水好像是从天上奔涌而下，一泻千里，向东流去，很有挟天风海雨的气势，运用夸张的手法描绘出一幅气势雄壮的画面，有种势不可挡的感觉。作者描绘这样一幅景象看似是借黄河之恢宏气势抒发豪迈之情，其实作者"另有所图"：我们知道，自从《论语》提出"子在川上曰：逝者如斯夫，不舍昼夜"之后，我们中国人只要看到流水一去不复返很自然就会想到时光的流逝，诗人借"奔流到海不复回"引发"时光易逝"的感慨。"君不见高堂明镜悲白发，朝如青丝暮成雪"中，诗人看借此"悲"头发白了，青春不再，其实，从更深一层讲，作者是由"青春易逝，人生短暂"引发"怀才不遇，功业未成"的感慨。

【小结】诗的开头运用比兴的手法，引发作者"时光易逝，功业未成"的悲凉之情，作者因"愁"而"悲"，感人肺腑。

②圣贤寂寞："古来圣贤皆寂寞，唯有饮者留其名。"在中国历史上，寂寞的圣贤不可胜数，作者为什么就提到"陈王"呢？我们从陈王的生平可以略知一二。陈王就是三国时候的曹植，他才华横溢，志向远大，但由于"任性而行，饮酒不节"，最终没有得到父亲曹操的重用。"曹子建七步成诗"是著名的文学典故，他的《七步诗》家喻户

——让学生遇见美好

晓:"煮豆燃豆萁,豆在釜中泣;本是同根生,相煎何太急?"与才高八斗、怀才不遇、一生不得志曹植一样,李白也有一段不堪回首的身世:他也曾怀揣理想,做圣贤一样的人,实现自己的理想抱负,而初入长安,却为小人排挤,最后落个"赐金还山"的下场。此时的李白,以年过半百,理想化为泡影,他对曹植情有独衷,大加赞赏,也许是同病相怜的缘故吧。

李白为何销的是"万古愁"?

从古到今,有许多人都有这种愁绪。晚清诗人龚自珍说:"庄屈实二,不可以并;并之以为心,自白始。"《(最录李白集)》极为精警。庄子、屈原的思想分别代表了道家和儒家,一个是"知其不可为而不为",一个是"知其不可为而为之"。李白的身上浸透着儒家思想的血液,他平生的追求有两个,一是追求精神自由,二是建立丰功伟业。追求精神自由导致他的一系列行为:反抗传统,蔑视权贵,理想超出于王法所规定的社会等级秩序之外;建立丰功伟业,又使他与传统妥协,求助于权贵,回到王法所规定的社会秩序之中。但现实中又不可能同时占有以上二者。他始终生活在这样的矛盾中。酒是引子,愁是血液,狂是脊梁。

李白的出路在哪里?

在酒里,在诗里,诗就是他的宣泄口。李白一生不得志,借酒浇愁,及时行乐,是他无奈的选择。正如他在《宣州谢朓楼饯别校书叔云》所写:"抽刀断水水更流,举杯销愁愁更愁。人生在世不称意,明朝散发弄扁舟。"酒并不能实现他的政治抱负,也就不能真正消解他的忧愁,但是酒可以暂时麻痹痛苦的灵魂,寻得暂时的内心平衡。而李

豪逸之酒——《将进酒》

白的喝酒也不像一般的凡夫俗子的喝法:"菜来一碟乎,两碟乎? 酒要一壶也,两壶也? "而是整只的牛羊,不喝上"三百杯"决不罢休,宁愿舍弃一切,也要换得美酒。在夸张的语言背后,是痛饮豪迈的李白,所以时人称李白为"酒中仙"。杜甫在他的《饮中八仙歌》中写道:"李白斗酒诗百篇,长安市上酒家眠。天子呼来不上船,自称臣是酒中仙。"借酒解愁,酒酣赋诗,慷慨悲歌,抒发胸中郁闷,酒成为他生命的一部分。有个禅宗故事,讲的是唐朝时的太守李翱,是一位很有名气的学者。有一天他去拜访南泉普愿禅师,问说:"古时有人在玻璃瓶里,饲养着一只小鹅,后来鹅渐渐长大,终于没有办法从瓶中出来,养鹅的人既想救鹅出来,又不想把瓶子打破,请问禅师,假如是你的话,怎么样才能两全其美? "话刚说完,南泉禅师突然叫道:"李翱! "李翱一听,很自然地回答说:"在。"南泉禅师微微一笑,说:"出来了! "这个故事告诉我们,在成长过程中,我们的感情、思想许多东西都是在瓶里长大的,规范在一个限制的范围中,有一天感到了束缚,若不敢轻易打破,就不会自由。只要有自我在,就可以冲破束缚。李白面对人生中的那么多的坎坷、束缚,依然写出那么多、那么好的诗歌,就因其有自我在。启功先生说"唐以前的诗是长出来的,唐人的诗是嚷出来的,宋人的诗是想出来的,明清以后的诗是仿出来的"。

小结:李白是唐代诗坛上的一座高峰,他的诗飘逸豪放,语言流转自然,他的古体诗和七绝尤为后人所称道。《将进酒》是一首鲜明体现诗人创作风格的劝酒诗,李白饮酒悲歌,一吐心中块垒,既有治国齐家的理想,又有怀才不遇的苦闷,李白傲世的态度和豪放不羁的个性又使全诗悲而不伤,忧而不愁 。

附：

李白诗歌的三种精神

——胡晓明教授在上海电视大学的演讲

身世之谜

关于李白身世之谜，不是消闲风趣的知识考证，其中隐藏着有关民族文化演进的重大秘密。

杜甫是青铜器，李白是唐三彩。前者厚重，后者瑰丽。

想起唐三彩就想起李白，一样的沉酣恣肆，一样的飞动豪迈，也一样的有西部的异国风情。唐三彩有大漠风沙、长河落日之美，有夜色驼铃与酒与胡姬之美。唐三彩是中国与西亚的一个文化之谜，也正如李白身世之谜。李白的血液里，涌动着胡腾舞的音乐、宝蓝色的幻思与琥珀般的酒色，涌动着中古时代西域文化的热烈、激情、豪放及其神秘的瑰丽。

史书上说，李白虽然出生于安西都护府之碎叶城（今吉尔吉斯斯坦境内），但是他的祖籍却是陇西成纪，只不过他的祖先在隋时因犯罪被流徙西域，才在碎叶生了他。李白五岁时，又回到了蜀地。这样，李白终是个甘肃人，与西域没有太大的关系。

但是，李白身上的色彩太丰富了，与同时代的唐代诗人相比，李白太秀异了。连苏东坡都叹道："帝遗银河一派垂，古来惟有谪仙词"。中国诗史的这个高峰来得有些突兀。文化的创造多数时候是渐进的，

豪逸之酒——《将进酒》

但有时会是突进的，如果李白是个外来户，带来那样的创意，产生那样的辉煌，即可作文化突进的一个个案来研究。而且，李白虽只是一人，背后却代表很多人和事。奇怪的是，那个时代似乎没有什么文化冲突，中国文化的包容力，那时特别大，有着丰富的文化融合现象，大到宗教教义、文明礼数，小到一只吃饭的盆子上面的图案，无不体现着某种特殊时代的文化魅力。

所以，关于李白身世之谜，不是消闲风趣的知识考证，其中隐藏着有关民族文化演进的重大秘密。

过去，陈寅恪先生就提出李白是西域胡人的观点。理由之一是，据他考证，隋末西域绝非中国版图，所以不能成为贬谪罪人之地。只有到了唐太宗贞观十八年（640年）平焉耆，西域才成为中国政治势力范围，方可作为贬谪罪人之地。

前几年周勋初先生写了《诗仙李白之谜》，分析了李白身上的很多奇异特点，如：婚姻的入赘，对家庭不够负责，对胡姬的喜爱，剔骨葬友，手刃仇家，"诗中绝无思亲之句"，以及女儿与儿子的名字寓意等。他得出的结论是：李白身上有着深隐的西域文化情结和浓厚的西域文化色彩。他虽然不说李白是西域胡人，但也认为李白的祖先好几代人生活在当时国际交往最为频繁的丝绸之路上，难免有异族通婚之事，因而李白身上的胡人血统是完全可以理解的。

陈寅恪对于李白身世的考证，不是一件为考证而考证的事情，而是有他的文化关怀在里面的。他对于整个李唐皇室血统的考证，其实都有一种文化诗学的寓意：力图发现文化交流、民族融合对于一个老大帝国的起死回生之力。陈寅恪对于他心中的大唐的梦思，其实是寄托了他关于现代中国的文化复兴之梦。李白其人，代表了民族文化复苏的一个伟大的传奇。

所以，自然不可以将这样的考证，看着是以血统论人。这是一个观察的角度，是从文化透视文学。此外，从文化的角度看，李白作为唐代文化的一个高峰，还应强调三点：

第一，李白身上色彩之丰富与变化，与盛唐时代作为中国文化最为自由开放的时代，有真实的联系。唐代生活经历最丰富，身份最多样的诗人，非李莫属。李一身而集书生、侠客、神仙、道士、顽童、流浪汉、政治家、酒徒与诗人，日本学者冈村繁还说他接受过官方道教秘密组织的资助，几乎将他视为一个"间谍"！李白是最无愧于他的时代的丰富多样的诗人。

第二，李白在青年时代时，即仗剑去国，辞亲远游，大江南北丰富多样的地域文化，充实了诗人的性情人格，陶冶了他的心灵世界。他在洞庭湖流域成家结婚，在长江中下游混迹渔商，在扬州散尽数十万金，无论是隐是仕，他充分吸取了各地经历中的种种精彩来作为他的诗料，因此，在他诗中，西域的异族风俗，荆楚的浪漫风流，吴越的清丽品质，齐鲁的慷慨之气，加上后面所说的蜀汉的诗书教养，融为一炉，既是中外文化交流的结果，也是中国南北文化的一种结晶。

第三，尽管李白由于血统和出身，与中土汉人有着不同的气质特点，然而，李白性格的底子仍然是中国文化，仍然与中国文化的哺育分不开。这是李白少年时代在蜀地的读书生活的积极影响。他五岁就背诵《关雎》，他的诗歌有浓郁的书卷气，深深浸渍着青少年时代苦读而来的学养。至今流传着他匡山苦读的故事：匡山有读书台，夜晚常有光如灯，老人说："李白又在读书了"；至今流传着"铁棒磨成针"的励志故事，正是李白融身而为中国诗书人文传统的一个美好传说，正是李白其人底子仍是中国文化的一个证明。文化取决于教育，李白无论如何有深刻的西域情结，也仍然抹不掉青少年时代的文化记忆。李白多次自称"蜀人"，将长江水称为"故乡水"，将司马相如称为"乡人"。李白五岁到了四川，深为中国文化之千年灵秀之气所钟。由一个充分汉化的西域胡人，来完成唐代文化的一座主峰，这也是寄托了陈寅恪先生的中国文化复兴之梦。只有对于中国文化有着极高的信心，对它的化人之力有深刻的见识的人，才会有这样重要的文化想象。

下面，我们主要以李白有关月的诗篇为例，说说他的诗歌的三个精神：英雄精神、解放精神与人性精神。

英雄精神

据专家研究，李白平时是佩剑的。儒生是坐而论道的，是学院派的，而侠则是要做事的，实践品格的，要君臣一体，要报国立功。这正是中古社会的士人理想。

儒生、仙翁与侠客，是李白的三种主要身份，也是他的诗风光明皎洁的源泉。

古代中国是"士人文学"居于文化主流地位的文学时代，现代则是"众人文学"占主流的时代。士的文学充满着对人的力量的歌颂与相信，充满对时代天下的关怀与责任。由于士人注重精神训练，因而也是十分精神性的文学。而众的文学则自娱或互娱或娱他的，是消费的、松弛的、日常的，是从天下和家国退回到家庭乡土或市井甚至肉身的文学。

李白自负不浅。自评"怀经济之才，抗巢由之节；文可以变风格，学可以究天人"，"如逢渭水猎，犹可帝王师"，"壮士怀远略，志在解世纷"。尽管李白诗中采取了很多民歌的养料，我看李白诗，骨子里是士的文学。

譬如历来难以索解的《独漉篇》，原是古乐府，描写为父报仇的故事。李白的笔下，则是英雄精神的宣言。"独漉水中泥，水浊不见月。不见月尚可，水深行人没。"这是写黑暗压抑如梦中难行困境。"越鸟从南来，胡鹰亦北度。我欲弯弓向天射，惜其中道失归路。落叶别树，飘零随风。客无所托，悲与此同。这是英雄失路飘泊无依的生命困境。罗帏舒卷，似有人开。明月直入，无心可猜。"这是对生命自由舒卷交流、君臣一体的美好意境的向往，对比第一句的"水浊不见月"，这里的"明月直入"是自由的、明朗化的精神。"雄剑挂壁，时时龙鸣。不断犀象，锈涩苔生。国耻未雪，何由成名。神鹰梦泽，不顾鸥鸢。为君一击，搏鹏九天。"这里有跃动的英雄气。一扫负面的生命困境，像雄剑、像神鹰。

据专家研究，李白平时是佩剑的。儒生是坐而论道的，是学院派的，而侠则是要做事的，实践品格的，要君臣一体，要报国立功。这正是中古社会的士人理想。看李白诗的大处，根本上是士的诗歌，根本上是对于人的力量的信心和经由精神修炼而来的超迈的美。"秦家丞相府，不重褒衣人。君非叔孙通，与我本殊伦。"（《嘲鲁儒》）在儒生情怀之中，李白更加上了侠义行动的美，清新、自信、有力，是从文学上显示了：中国的士重新发现了自己。

豪逸之酒——《将进酒》

　　所以后来的中国士人，只要想从自己内心深处唤起自尊与自信，都会找到仙翁剑侠的诗人传统，李太白的诗歌，召之即来、来之能战，是士人独立而高贵身份的文学符祝。

　　这跟盛唐时代是中国文化的青少年时代也有关系，中国文化中的文学传统，正在上升发育成熟。我们说人生中最不可错失的文学时代，就是青少年时代，那是一个最没有功利、最没有负担、最活泼爱美的时代。李白诗是英雄出少年，是士的文学中的少年文学，是青春与生命热力的表现。他写《少年行》，那可真的是一个英气的少年走在路上："五陵年少市金东，银鞍白马度春风。落花踏尽游何处，笑入胡姬酒肆中。"我们现在都还似乎从诗中听得到诗人爽朗无拘的笑声。

　　而且，少年是多梦的时节，少年时代美的想往，恰恰就是长大之后英雄精神的一个重要来源。李白的《古朗月行》写得真好："小时不识月，呼作白玉盘。又疑瑶台镜，飞在青云端。仙人垂两足，桂树作团圆。白兔捣药成，问言与谁餐？蟾蜍蚀圆影，大明夜已残。羿昔落九乌，天人清且安。阴精此沦惑，去去不足观。忧来其如何，恻怆摧心肝。"前八句，写少年时代月的美好想象，象征着难以忘怀的童年时光与天真无邪的纯真心灵。后八句，写月食，象征着纯洁理想与天真状态的破败与祛魅，对于昔日美好理想沦亡的忧伤，是诗人慷慨悲歌的原因。

　　我有个感觉，杜甫是深红色，或黑白分明中的黑色，李白则要么是唐三彩，要么是月光下的银白色，极真纯皎洁。因为少年，所以到处是光与音乐。因为少年，所以往往是动作的诗歌。酒与力与剑的美。

　　《关山月》："明月出天山，苍茫云海间。长风几万里，吹度玉门关。"写一轮明月，负有神圣的使命，从天山的云海，来到玉门关，来到中原大地，为黑暗人间带来光明与美。明月，正是诗人李白的自我象征。天山，正是他的出生之地。这首诗，真是一首雄浑的英雄颂。我们从里面可以听到一种英雄圣贤降临人间的庄严音调。

有些现代知识人嘲笑李白，说他不自量力，说他没有政治才能，却又偏爱政治活动，所以很倒霉。说他是知识分子的自大狂的表现。其实，这多半只是现代知识人自己的不自信，也缺少勇气，所以看李白不真，显出自家的小巧庸碌。古人说的是，士以器识为先。士的文学，先须有器识上的大气。生命格局大，表现为有志气，有自信，有天下担当。生命风调美，也表现为有才华，有魅力，足以使人向往追随。胡应麟说盛唐诗"格高调美"，李白就是典型的格高调美。格高调美的生命意境，有什么不好？有什么可嘲笑的呢？李白首先是做人做得有意境，有风姿。"真贵人往往忘其贵，真美人是不自知其美，绝世的好文章出于无意。"李白是忘其英气，忘其义气，忘其风姿，而无往不是真美。

李白做人有什么追求向往？我想他是隐然有一种新"士"的自喜。即儒、仙、侠合一的新"士"，李白是不知不觉，不期然而然地，一气化三清。儒生是"士"的基本骨干，但是儒生太文弱了，所以要有"侠"来救其阴柔之弊；儒生又太执着了，所以要有"仙"来化其阳刚之弊。此种新"士"，如风卷云舒，唯意所适。表现为又建功立业，又功成身退；又书生气，又浪子气；又经世致用，又喜反好玩；又飘逸高迈，又兴感淋漓；又大勇大义，又化合无形。也就是：既有英雄精神，又有解放精神。

豪逸之酒——《将进酒》

解放精神

为什么说他又有"解放精神"呢？英雄精神与解放精神是不同的。英雄精神是大的关怀，大的责任，是汉子气与豪杰的人生，在天地间堂堂做人的感觉；而解放精神则更多是解放自己的，是对于英雄精神的一种重要的补充。没有解放精神，英雄精神也会成为一种套套来束缚自我。因为英雄的本色是打破一切羁绊的，但无处不在的用世心的紧张会成为人生一种负面的包袱，一旦成为自身羁绊，英雄也就走向了他的反面，所以解放精神就是连英雄气也能去掉的。英雄精神是"怀经济之才"，解放精神是"抗巢由之节"；英雄精神是"海风吹不断"，解放精神是"江月照还空"。二者共同构成了李白的人格世界。

《古风》第十二首："昭昭严子陵，垂钓沧波间。身将客星隐，心与浮云闲。长揖万乘君，还归富春江。清风洒六合，邈然不可攀。"李白的诗，大多藐视权贵，浮云富贵。我们看人生的各种崇拜如权势的崇拜等，往往也不是别人给的，而是自己造成的。从中解放出来，方可得到生命高贵的自由。

解放精神，就是自由生命的超越的美，"俱怀逸兴壮思飞，欲上青天揽明月"。这里的明月，正是自由生命的象征。什么叫逸兴？就是一种不粘滞不婆妈不拖泥带水的生命状态。所以解放精神，很大程度是自我解放，将自己的心灵解放出来。从各种自我制作的套套中解放出来。李白的诗，很大一个价值是自己解放自己，自己松开自己。

《梦游天姥吟留别》："我欲因之梦吴越，一夜飞渡镜湖月。湖月照我影，送我至剡溪。……安能摧眉折腰事权贵，使我不得开心颜！"

——让学生遇见美好

李白被放出京之后，遇到的一枚明月，温情，飘逸，有仙人之气，送诗人往自由美丽的山山水水。

李白极喜魏晋人的月夜，如王子猷访戴之夜。宋人曾几诗："小艇相从本不期，剡中雪月并明时。不因兴尽回船去，那得山阴一段奇。"只说了山阴的风景如何如何。而李白也是想如王子猷："昨夜吴中雪，子猷佳兴发。万里浮云卷碧山，青天中道流孤月。孤月沧浪河汉清，北斗错落长庚明。怀余对酒夜霜白，玉床金井水峥嵘。人生飘忽百年内，且须酣畅万古情。"（《答王十二寒夜独酌有怀》）他想象了一个浩大永恒的光明高洁世界。冰清玉洁的世界，正是诗人脱弃斗鸡术的庸俗下作人生，脱弃哥舒翰的军功紫袍人生，脱弃高揖汉天子的贵族富贵人生，向往宇宙皎洁本体之美的世界，或许，这个世界的存在，正是他解放的力量源泉。

李白还有一首写月夜的诗："南湖秋水夜无烟，耐可乘流直上天。且就洞庭赊月色，将船买酒白云边。"在这水光一色的美妙月夜里，无限透明，无限清空，如何才能将船顺着这湖水与月光，一直到天上去呢？月光在这里，正是解放的精灵。中规中矩的人那里，天与地，湖与月，都是分开的，不可以融合相通的，而在诗人那里，完全是没有界限的，敞开了自由自在的心灵游观之所。

《月下独酌》："花间一壶酒，独酌无相亲。举杯邀明月，对影成三人。月既不解饮，影徒随我身。暂伴月将影，行乐须及春。我歌月徘徊，我舞影凌乱。醒时同交欢，醉后各分散。永结无情游，相期邈云汉。""无情游"，就是与世俗之情完全不同的游，就是忘怀世俗之游。"无情游"是松开，是不现成。交欢就交欢，分散就分散；不因交欢而执着，不因分散而悲哀。在遥远的天边，终有相遇之日。

人性精神

如果李白只是英雄，只是解放，就只是侠与仙，或者，只是个外国人，就不能懂得中国文化的深处。中国文化的深处，是人性的感动，是人心与人心的照面。我们再看李白另外几首月诗。

"金陵夜寂凉风发，独上高楼望吴越。白云映水摇空城，白露垂珠滴秋月。月下沉吟久不归，古来相接眼中稀。解道澄江净如练，令人长忆谢玄晖。"（《金陵城西楼月下吟》）中国文化最看重心灵相通，精神相感。月光沉吟，久久不归，原是有心头的怀想感动。李白诗的月下，其实是斯文相怜的会心之美，是灵心感动的幽深之美。

"长相思，在长安。络纬秋啼金井阑，微霜凄凄簟色寒。孤灯不明思欲绝，卷帷望月空长叹。美人如花隔云端，上有青冥之高天，下有渌水之波澜。天长路远魂飞苦，梦魂不到关山难。长相思，摧心肝。"（《长相思》）长相思，即人心与人心的长想长念。是爱情，是夫妇情，也是人生理想，或人生中美好的追求不能实现。总之，是一片纯情的叹息。

"杨花落尽子规啼，闻道龙标过五溪。我寄愁心与明月，随风直到夜郎西。"（《闻王昌龄左迁》）李白是最懂得友情的诗人，送孟浩然，送汪沦，都写得很好，李白是高傲的，放浪的，不拘礼的，最没有成规成矩的人，但是李白也儿女情长，也有深厚的真诚的友情，中国文化中所说的性情中人，他也算一个。这首诗中的月，可能是天下最多情的一个月亮了。

——让学生遇见美好

　　"日本晁卿辞帝都，征帆一片绕蓬壶。明月不归沉海底，白云愁色满苍梧。"（《哭晁卿衡》）凡天下的好山水好月亮，都可以成为李白的朋友；凡天下有童心有性情的人，也都可以成为李白的朋友。这首诗中的月亮，代表着远在日本的友人，这表明，李白的人性精神，不仅具有民族性，而且具有全人类性。

　　"我宿五松下，寂寥无所欢。田家秋作苦，邻女夜春寒。跪进雕胡饭，月光明素盘。令人渐漂母，三谢不能餐。"（《宿五松山下荀媪家》）这是一个有名有姓的农妇，这是一个实有其地的经历，"田家秋作苦，邻女夜春寒"的声音，一直到今天还犹在耳边，而那一幅与素盘一样洁白的月光，正是诗人的同情心的显现，有着永远不灭的人性精神魅力。

　　"长安一片月，万户捣衣声。秋风吹不尽，总是玉关情。何日平胡虏，良人罢远征。"（《子夜吴歌》）无边的温情的月光，与秋风吹不尽的捣衣声一样，是有情人无处不在的思念。诗人的心呵，无限辽远，也无微不至。

　　"床前明月光，疑是地上霜。举头望明月，低头思故乡。"（《静夜思》）读这样的诗，一个是永恒的情思，一个是刹那的感动，又新鲜又古老，又简单又深邃，诗人李白，真是宇宙之大情种。